W0383026

Les Mystères du pinceau de l'âme
Adélia Martins

LES MYSTÈRES *du* PINCEAU DE L'ÂME

www.adeliamartins.com

Les noms et prénoms des personnes évoluant dans cet ouvrage ne sont que pure invention quant à leurs véritables états civils et toute similitude avec une personne existante ou ayant existé n'est que pure coïncidence.

À ma mère, Lucia...
Une étoile qui illumine ma Vie...

Elle remercie particulièrement :

Jean GALLAIS
Baptiste DA ROIT
Marc et Béatrice CAYEUX
Valérie KAY

Laurent CABIAC : infographiste, webmaster, éditeur.
Aurelie CAYEUX : Président des Pixygraph'.
Michel CLARET : producteur, réalisateur, photographe, pour la réalisation de photos et pour la production du film consacré à ce roman et Monsieur CHAPOT Alexandre, coproducteur.

David Casado : chanteur, compositeur, pour son titre dédié à ce roman : *Adélia, la peintre du bonheur...*
et Nicolas CASADO, auteur.

Un clin d'oeil à vous tous qui m'avez accompagnée dans l'écriture du roman.

AUTEUR D'UN ROMAN ILLUSTRÉ PAR UNE TOILE
« L'ALLIANCE » de l'Artiste peintre Adélia Martins.

« Elle s'avoue d'emblée hypersensible. De la part d'une artiste peintre, on n'en attendait pas moins. Dans sa gestion, qu'elle juge elle-même instinctive, de la puissance chromatique, le statique s'enfuit au profit de l'élan, du relief inattendu, de la présence, des valeurs. »

CRITIQUE D'UN JOURNALISTE
extrait du magazine « *CÔTÉ ARTS* » (2009, 1ère Expo.)

Graphiquement, ses réalisations sont un savant mélange qui associe à une figuration expressionniste un côté décoratif assez engageant. En artiste qui se respecte, elle privilégie également la couleur pour en faire une caractéristique incontournable dans ses créations.

L'attrait chromatique est ici très fort car Adélia Martins possède certainement un don lui permettant d'assumer des déclinaisons de couleurs d'une manière talentueuse.

Un art à découvrir !

ADÉLIA VUE PAR ALAIN DEBONO
DU MUSÉE BONNARD

Je recherche la perfection dans l'amour de l'être, c'est pourquoi je peins cet amour dédié directement à l être qui m'a aimée du premier jour de ma vie à nos jours et qui continue de diriger ma main et mon cœur dans l'infini de l'expression de mes couleurs.

Adélia, tu es la prêtresse des peintres d'aujourd'hui, la continuité de nos grands peintres du passé.

Rencontre…

Avec Adélia Martins

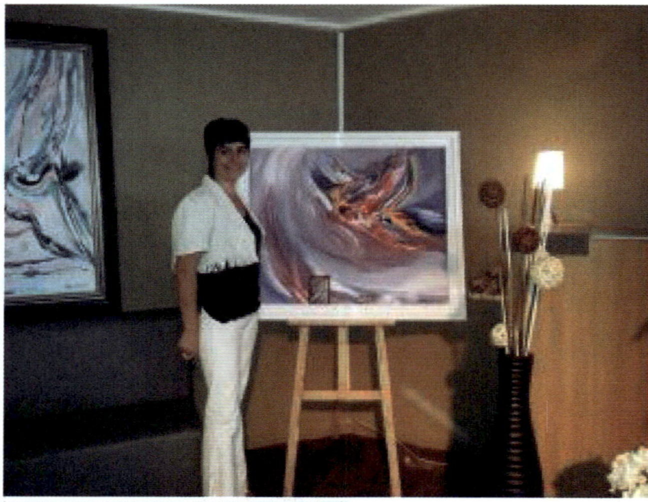

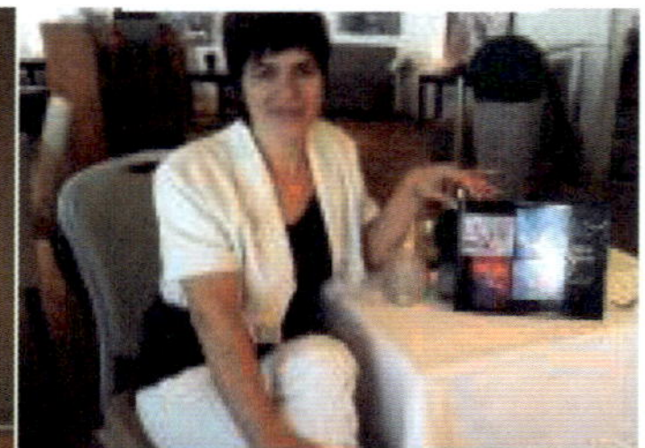

Adélia Martins

Découvrez si ce n'est déjà fait cette artiste sur son site http://www.adeliamartins.com/. Vous pouvez retrouver quelques unes de ses toiles ainsi que celles de ses artistes protégés au restaurant du Casino Partouche à Juan les Pins.

Très belle rencontre humaine entre Adélia Martins et le Président du Réseau Unesco 06, Michel Noble. Et sans oublier l'excellent accueil de la direction et de Bénédicte au Restaurant Casino Partouche à Juan les Pins. Adélia Martins est une artiste à la technique particulière qui lui a permis de créer un nouveau style dans l'art de peindre. Le magazine *Côté Arts* a été le premier à le qualifier d' « Art Pictural Emotif ». Sa technique de prédilection est l'association d' « éléments » entre ciel et mer. Des couleurs positives, des nuances et des fonds doux qui reflètent totalement la personnalité d'une artiste toujours prête à aller vers les autres et à transmettre sa joie de vivre. *« Chaque toile est un voyage de l'âme et chacun se surprend à rêver à son propre rêve »* est-il écrit dans son livre. Une artiste à la sensibilité immense rehaussée par le talent, ce qui lui vaut tant d'engouement pour ses toiles et l'amitié de très nombreuses personnalités. Touchée dans sa vie personnelle comme beaucoup de personnes par les aléas de la vie, elle n'a pas oublié de réagir en créant une association pour aider et sensibiliser d'autres artistes à ses engagements caritatifs, auxquels elle apporte une partie de ses ventes. Adélia Martins est marraine de l'association AFP et RIC contre la polyarthrite. Avec le Président du Réseau Unesco 06 -relais de l'Unesco régional où l'éducation, la culture pour tous, les droits des enfants et de la femme sont le cœur humaniste des actions- la rencontre semblait inévitable. Une fusion amicale chaleureuse, où les idées se sont croisées et développées pour s'unir vers de beaux projets de partenariats communs.

Valentine Feral - Chargée de presse

D'ARTISTES »

Projet Année

2017/2018 T ATMFC

Adelia MARTINS
Cédric HERARD
Marie-Dominique MESTDAGH

Projet classe de CAP T ATMFC

Etudier l'écriture et l'art pictural est me semble-t-il une orientation cohérente. Cette population de lycéens dits « décrocheurs » suscite un certain intérêt pour la didactique du français et en particulier de la production puisqu'ils portent l'étiquette des plus faibles dans ce domaine.

Penser que cet atelier pourrait les aider à mettre la main à la plume et aux pinceaux, aux couteaux ou aux métaux, pour les aider à dépasser leur peur, leurs maux.

Révéler des blocages pour mieux les dégager.

Développer leur compétence scripturale, révéler leur désir de créer.

L'objectif est également par le développement d'une réflexion autour des compétences que l'on pourra développer dans cet atelier.

Point de vue pour apprécier cet atelier :

- Linguistique, avoir des connaissances d'ordre syntaxique, orthographique, morphologique

- Matérielle puisque écrire ou réaliser une œuvre d'art repose sur un acte physique
- Sociologique et anthropologique puisque trace (histoire et album)
- Psychologique puisque cela soulève des représentations sachant que dans tout atelier se crée un rapport à l'écrit ou à l'art

Envie, peur, besoin, frustration sont souvent des sentiments ressentis par les apprentis scripteurs.

Ce projet sera mené par plusieurs intervenants :

Marie-Dominique Mestdagh, enseignante

Adelia Martins, artiste peintre et auteure du roman « Les mystères du pinceau de l'âme »

Cedric Herard, Arts-Chaînes-sculptor

Le but est que les élèves de la classe puissent écrire leurs émois, leurs ressentis, leurs colères, leurs passions, leurs envies. Les écrire et les traduire sous la forme d'une œuvre picturale ou sculpturale.

Ils seront suivis tout au long de l'année par un photographe qui fixera leurs progrès.

La réalisation finale sera l'album de la classe, relié qui fera l'objet d'une remise de prix en fin d'année scolaire.

Chaque élève repartira avec son propre album

Cet atelier se réalisera selon l'emploi du temps de la classe avec une intervention des artistes 1 fois par mois.

La direction du Lycée « La Providence » à Nice et le corps enseignant, interpellés par le message d'indulgence des toiles qui finalisent chaque chapitre du roman « *Les Mystères du Pinceau de l'Âme* » présentent à leurs élèves ce beau projet de partenariat avec le concours de l'écrivaine Adélia Martins.

PRÉFACE 2

La première fois que j'ai rencontré Adelia Martins, j'ai immédiatement pensé que j'avais affaire à « l'artiste par excellence ».

Cette impression confuse d'être face à un être habité par tant de contrastes ... cette impression de parler à quelqu'un venant d'ailleurs...Mais oui, vous savez de quoi je veux parler, un feu follet que l'on n'arrive pas à saisir et qui vous laisse l'impression d'être déconnecté de la réalité de la vie.

Puis en découvrant la femme, le jugement se transforme.

Je la côtoie, passe de longs moments à bavarder avec elle, à discuter de tout et de rien. Je la découvre beaucoup moins détachée de la réalité que ce qu'il n'y semble.

Adélia Martins a les pieds sur terre ! Et ce, même si parfois vous avez l'impression qu'elle a la tête dans les nuages. De toute façon, c'est une artiste et il est bien connu que les artistes planent. Eh bien, la nôtre plane, mais garde quand même les pieds au sol. Elle sait écouter et donner son temps aux autres. Elle sait s'engager pour les autres et offrir ce qui compte pour elle : sa peinture.

Elle enseigne son art à qui a envie de prendre le pinceau ou le couteau. Elle témoigne de la compassion, du pardon face à une vie qui peut parfois se révéler dure, voire cruelle.

Ses œuvres, pour les novices que nous sommes face à la peinture, peuvent ne sembler n'être que des toiles recouvertes de couleurs, mais elles sont bien plus que cela : elles sont le reflet du vécu de leur créatrice, elles sont le reflet de son âme.

Mon écrit peut paraître trop élogieux, mais il n'en est rien.

C'est juste ma vision d'Adélia Martins : cette fée aux pinceaux que j'ai appris à apprécier et à aimer avec ses qualités et tous ses défauts.

Isabelle REYNAUD-VERDIERE
Présidente Association Française des Polyarthritiques & des Rhumatismes Inflammatoires Chroniques
Site internet : www.polyarthrite.org

INTRODUCTION

Adélia Martins vit sur la côte d'Azur avec ses 3 enfants, où elle s'adonne à la peinture. Un art pictural émotif qu'elle a elle-même créé, après une ultime rupture amoureuse, lui laissant un goût amer.

Ne peut-on pas l'aimer juste pour ce qu'elle est ?

Elle était si emplie d'émotion qu'il lui fallait les dégager. Peut-être, pensait-elle, sur la toile, comme le faisait son ex-compagnon, ce grand peintre reconnu qui lui mit un pinceau dans la main (une relation amoureuse et fougueuse de quatre mois). Lui, dessinait des bateaux; elle, ne sachant peindre, laissait ses émotions donner un sens aux couleurs.
Peindre adoucit sa vie...

PEUT-ÊTRE LES MYSTÈRES DU PINCEAU DE L'ÂME

Voilà 5 ans qu'Adélia s'applique à faire de sa vie Douceur et Passion. Pourtant....

Le samedi 3 juillet 2014 :

Le jour n'est pas encore levé et le message lui vient de l'au-delà : *Les Mystères du pinceau de l'âme*. Ce sera le titre de son roman qui lui permettra de replonger dans des blessures ancrées au plus profond d'elle-même afin de lâcher prise et de pouvoir enfin s'en libérer, en associant le 4e et le 5e art.
Écrire fut un exercice difficile et douloureux, qui réveilla en elle bien des blessures et remit à leur place des émotions confuses grâce à l'expérience et la force acquise au cours des années, autant de femme que de mère. Cette épreuve devint pour elle une thérapie qu'elle se sent devoir partager.

Selon une légende

L'enfer est situé au Saut, une gorge serrée
où coule la rivière Sousa.

Une légende raconte qu'un chevalier poursuivi par le diable
sous la forme d'un cerf, a sauté dans l'abîme
en ce lieu précis et, en tombant, invoqua
la protection de Notre Dame :

« Aide-moi, Vierge Lady ! Aide-moi, je suis un pécheur!
»

Et le miracle se produisit ! Le cheval et son cavalier
atterrirent sains et saufs sur l'autre côté de la rivière en
contrebas, avec une importante dénivellation. On y voit encore
les traces des fers du cheval.
En remerciement, le chevalier construisit une petite chapelle
à la Nossa Senhora de Salto qui se trouve aujourd'hui
au pied de la falaise rocheuse.

Une autre version de cette légende prétend que l'image de
Notre Dame fut retrouvée plus tard par des enfants dans une
grotte. Transférée trois fois dans l'église,
elle se trouverait aujourd'hui dans la grotte.
Cette image fait l'objet de vénérations populaires
et religieuses le premier dimanche de mai.

CHAPITRE 1

1er décembre 2013 -Juan-les-Pins- 2 h du matin, sur la Côte d'Azur…

Une lueur, échappée de l'atelier installé dans ce jardin d' Éden inquiète la nuit sombre. Le bonheur des poissons illumine la cascade aux souvenirs. À proximité, comme pour rivaliser, un bain de Cléopâtre géant y apporte une sérénité palpable. Pourtant, cette lueur n'émane pas de l'ambiance de ces lieux, mais plutôt de l'émotion que dégage la toile d'Adélia.

La belle jeune femme, sous sa blouse noire souillée de peinture, ressent elle-même les émotions que dévoile son pinceau... Elle peint avec tant de sentiments que son chat, « Billy », s'est installé sur une étagère qui la surplombe, et, par-dessus son épaule, scrute tous ses mouvements.

C'est après avoir posé son pinceau, à peine sa toile terminée, qu'elle ressent ce bien-être profond : la foudre vient de la libérer de certains bagages émotionnels. Elle en avait déjà bien trop à porter. Ce fut un sentiment si profond qu'elle se devait de continuer à peindre. Un état de bien-être ressenti la première fois en octobre 2009, à la confection de sa première toile, cette période où elle commençait réellement à vivre…

La toile encore humide, elle range ses pinceaux et ses couteaux, puis la pose à plat sur la table, afin qu'elle sèche en douceur sous la chaleur d'un chauffage allumé au niveau minimum. Le lendemain, les mélanges de couleurs auront épousé les nombreux coups de couteaux qu'elle y aura portés. Ainsi sera dévoilée la teneur des messages qu'elle aura voulu délivrer.

Enfin, elle referme la porte de son atelier. En silence, elle monte les escaliers qui donnent sur la porte d'entrée de sa maison, qu'elle ouvre délicatement avant de s'empresser de rejoindre son lit, sans réveiller son compagnon Cédric.

Se glissant sous la couette, elle sent à ses pieds Billy, qui occupait déjà sa place habituelle.

Billy était un chat de gouttière errant, adopté en juillet 2011, à son arrivée sur la Côte d'Azur, où elle souhaitait s'isoler avec ses trois enfants à la suite d'un traumatisme familial. Ce Billy, si malade, qu'il était difficile de connaître la couleur de son pelage. Des croutes recouvraient sa peau. Son œil droit était blessé et seule une dent lui permett ait de mâcher sa nourriture avant de l'engloutir vers sa gorge, de laquelle aucun son ne sortait plus.

Il parut évident à Adélia que l'attention que ses enfants lui apporteraient adoucirait leur peine. C'est ainsi qu'il fut sauvé et que les enfants furent guéris.

Avec le temps, Billy retrouva son miaulement, son œil et même son pelage, considéré par beaucoup comme une merveille du genre. Par tous les câlins qu'il leur procurait, on pouvait penser qu'il remerciait chaque jour cette famille de la place faite auprès d'elle. Adélia blottie sous la couette, détendue comme après chaque création d'une toile, s'envole dans son sommeil.

Cette même nuit, elle fit un rêve, un rêve où sa famille est encore unie.

La vie au Portugal -1968-1971-Le Portugal au temps de SALAZAR

On pouvait y voir Lucia, sa maman de 25 ans, Manuel son papa, 30 ans et leurs enfants :

Manu 4 ans, Maria 3 ans, Justin 1 an et elle, Adélia 2 ans.

Adélia et sa petite famille, en 1970.

Les voilà tous les six, à Aguiar de Sousa, dans la région de Parèdes au nord du Portugal.

Tous au bord de la route, à attendre le car qui les emmènera au Salto (Saut) d'Aguiar de Sousa, à quelques minutes de là. Lieu magique où les enfants adorent aller courir et auquel s'attache une légende.

Manuel porte Justin dans ses bras et tient par la main Manu, qui lui-même serre celle de sa sœur Maria. Adélia donne la sienne à sa mère, et se tortille dans tous les sens.

Elle ne peut rester immobile, car devant elles, de l'autre côté de la rue, face à la petite maison de parpaing blanc qui fait office d'école, s'agite un drapeau : le blason de la ville. Sur fond or, on peut y voir un aigle noir survolant une grappe de raisin et deux épis de maïs, au-dessus de deux bandes bleues et d'une bande blanche, symbole de la rivière Sousa (Municipalité et paroisse de Paredes au Portugal continental). Ce blason est surmonté de quatre tours réunies par un mur d'enceinte.

Le vent s'est levé et, pour le voir en détail, Adélia s'agite de tous les côtés, comme pour le copier dans son esprit.

Son attention s'interrompt quand elle se retrouve dans les airs. Hop! Les voilà hissés dans un grand autocar et il leur faut faire attention à ne pas abimer les beaux vêtements cousus par les doigts de fée de leur maman. Ce jour-là est une journée magique...

Une fois la famille assise dans le bus sur la même banquette, Lucia dévoile la légende du Salto (Saut), et tous, même Manuel, tendent l'oreille pour ne pas en perdre une miette. L'expression de son visage et la profondeur de son regard permettait d'y voir l'histoire...

Lucia : *Aujourd'hui les enfants, je veux, avant de quitter mon Portugal pour trouver une vie meilleure en France, vous laisser à la garde de Dieu chez mes parents. Je vais lui offrir mon sacrifice, en montant à genoux ce long chemin jusqu'au sommet de la falaise, pour qu'en échange, il vous offre sa protection, maintenant et pour toujours, à tous.*

Son récit est à peine terminé que le bus freine et qu'il faut en sortir.

Manuel fait descendre Adélia, Lucia porte Justin, Manu et Maria sortent seuls. Les voilà qui descendent le chemin rocailleux qui les conduit dans les profondeurs du Salto. En marchant, Adélia aime donner des petits coups dans tout ce qui peut rouler devant ses pieds.

Soudain, son pied droit se pose comme par mystère sur une feuille de papier, qu'elle s'empresse de ramasser, même si celle-ci est sale et froissée. Le dessin qui y figure est magnifique. Elle ne cesse de tomber et de se blesser, à le regarder durant toute la descente. Afin que cela cesse, Manuel le lui arrache violemment des mains, ce qui déclenche un écoulement de larmes interminable. Pour calmer sa peine, il lui caresse la tête à plusieurs reprises, avant de glisser la feuille dans une poubelle, située au bord du chemin sinueux qu'ils longent. Manuel cherche le regard de sa petite fille, jusqu'à le trouver, et là, son visage s'illumine. Se rappelant le dessin du papier (le blason de son village) qu'il vient de jeter, il le raconte :

C'est le blason de notre village. Là où ma famille, vous les enfants et moi, sommes nés. À Santa Comba, district de Viseu dans la région centrale.

Une colombe blanche entoure deux grappes de raisins dorés. En dessous, deux branches de feuillage or sur fond bleu, surmontées de cinq tours réunies par un mur d'enceinte et un pont traversant la rivière qu'il surplombe.

Santa Comba et Aguiar sont des villes proches de Porto. Nous descendons de familles rurales portugaises, conservatrices et catholiques du district de Viseu depuis des générations.

Ils sont fiers. Il n'y a pas plus beaux blasons que ceux de ces deux villages : celui de Lucia représente un aigle noir et celui de Manuel une colombe blanche. C'est trop beau de les imaginer ensemble.

Quelques minutes plus tard, les voilà en face de la petite chapelle blanche, peu entretenue et qui paraît si fragile. Manuel assied Manu, Maria et Adélia sur un gros rocher qui y fait face. À côté, Lucia pose Justin sur une grande et épaisse couverture de coton, qu'elle a pris soin d'étendre sur la rare pelouse de ce sol si pauvre, sableux et rocailleux. Puis, à son tour, elle s'assied pour se déchausser et la voilà les pieds nus.

Chacun la regarde avec insistance quand Manuel dit de sa grosse voix, en fixant très fort Adélia :

Non ! Toi, Adélia, tu ne te déchausses pas ! Tu as entendu ? Sinon, tu vas te blesser ! Allez, levez-vous et allons voir qui se cache le mieux dans ces grandes fougères !

Les enfants courent comme des petits fous avec leur père, quand, soudain, une angoisse envahit Adélia. S'apercevant de l'absence de sa mère, elle se met aussitôt à hurler à pleins poumons. Maria lui cogne l'épaule gauche de sa main droite pour lui faire signe, du doigt, de lever la tête en direction du chemin qui mène au sommet de la falaise rocheuse. Elle aperçoit alors Lucia, au loin entre les arbustes, qui monte le chemin à genoux. Elle en est déjà à la moitié de son sacrifice à Dieu.

Manuel leur raconte alors la raison de leur départ pour la France et détaille la misère qu'ils vivent au Portugal et qu'ils souhaitent fuir.

Manuel : *Le Portugal vit à l'heure du régime de SALAZAR, et voilà la conséquence :*

La vie au Portugal -1968-1971- Le Portugal au temps de SALAZAR Histoire Politique : voir page 253

Manuel :

Vous ne comprenez pas tout, mais il nous faut partir de chez nous, pour que vous puissiez avoir chacun un avenir. Surtout, n'oubliez pas que lorsque nous partirons avec maman pour la France, vous nous manquerez à chaque instant tous les quatre, mes enfants. Mais mamie Rosa vous gardera et nous savons qu'elle fera de son mieux pour que vous soyez bien, et surtout, nous reviendrons très vite.

J'affronterai seul cette aventure et ensuite, sitôt que j'aurai un travail, maman me rejoindra pour que nous trouvions une maison. Enfin, nous viendrons vous chercher pour vous emmener vivre en France.

La nuit tombe sur le Salto…

Le ciel devient noir, et voilà Lucia qui revient très fatiguée et toute transpirante. On peut voir ses genoux qui saignent et ses yeux tout rouges, même si elle les cache.

Elle à dû beaucoup pleurer…

Lucia, assise à côté de Justin, se repose sur le gros rocher. Les autres s'activent à ranger les affaires posées au sol (biscuits, couvertures, chaussures, vêtements) avant de repartir.

Ils remontent à pied ce chemin rocailleux qui n'en finit pas, et arrivent à la hauteur du bus qui attend, les portes ouvertes. Chacun y retrouve sa place, afin de revenir chez mamie Rosa, où ils habitent déjà avec Lucia depuis quelques jours, le temps que Manuel s'occupe de libérer de ses meubles leur maison de Santa Comba, pour pouvoir partir tranquille pour la France. Les portes du bus se referment et le voilà qui grogne pour monter cette côte effrayante (un moment où chacun retient son souffle) avant de rattraper la grande route plate. Aussitôt cette manœuvre terminée, chacun se détend.

Lucia se tourne vers ses enfants et leur demande d'une voix ferme et triste de l'écouter et de lui porter toute leur attention.

Lucia : *Quand votre papa sera parti pour la France, vous entendrez dire des vilaines choses, telles que l'"émigré, le traître.*

Sachez tous les quatre qu'une grave crise économique crée la misère et pousse les plus courageux à s'expatrier. Mais ceci est un acte punissable aux yeux du gouvernement.

Conscients de tous les dangers qui nous menacent, nous savons que notre plus beau bagage est votre amour et notre courage. La France est le pays phare de l'émigration et de la réussite. Les droits de l'homme y brillent et les émigrés y obtiennent du travail, certes peu rémunéré, et boudé par les Français. Mais pour nous, c'est une grande chance car cela nous permet de survivre dans des foyers collectifs gratuits, le temps de trouver un logement et même d'envoyer de l'argent à notre famille restée au Pays, alors qu'ici il n'y a rien à faire.

Adélia écoute ce long discours, mais son attention est emportée par la fenêtre du car ouverte sur la forêt d'eucalyptus qui fuit le long de la route. Un courant d'air riche de ses essences s'en dégage. Le car s'arrête enfin. Les voilà arrivés au village, à l' endroit où ils avaient embarqué, le matin même, devant l'église.

LA COLOMBE ET L'AIGLE NOIR

<u>2 décembre 2013-Juan-les-Pins-vers 10 h du matin.</u>

C'est d'un bond qu'Adelia sort de son rêve. La sonnerie du téléphone l'a fait sursauter dans son lit, ce qui réveille par la même occasion Cédric.

Cédric est un homme charmant, du haut de son mètre quatre-vingt-deux et de ses quatre-vingt-deux kilos, ce qui lui apporte une sensation de protection. Il a des cheveux blonds, coupés très court, ce qui, d'habitude la dérange. Là, elle trouve au contraire que cela adoucit ses beaux yeux bleus. D'une nature discrète, Cédric est travailleur et d'un calme absolu, ce qui lui donne une totale élégance.

Elle a la sensation qu'il a été mis sur son chemin pour adoucir sa vie. Qu'à force de gentillesses offertes à tous, elle recevait enfin, à son tour, un cadeau. Adélia a toujours pensé que le bien apporte du bien… et le mal aussi...

Ils forment un couple qui fait rêver tous leurs amis. Adelia a trouvé une quiétude dans sa vie de femme et, surtout, un semblant d'équilibre dans sa vie de mère, que la peinture lui permet par ses bienfaits de maintenir, chose qu'avant, elle ne savait maîtriser.

Alors qu'à son réveil son corps transpire et tremble, Cédric l'enlace. Elle pose un baiser sur sa joue, et, délicatement, se libère de ses bras. Elle sort ensuite nue de son lit, enfile son peignoir de soie rose, qu'elle prend pendu sur la porte d'entrée de la chambre et se hâte d'ouvrir la porte de la salle de bains où elle se fait couler un bain, pour pouvoir se détendre.

Aujourd'hui, par amour pour cet homme, qui sait lui montrer chaque jour à quel point elle aussi est son équilibre, Adelia tente de faire de leur vie commune un bonheur total, et s'efforce de ne pas perdre pied, même quand la souffrance de ceux qu'elle aime la touche de trop près.

Adélia est maman de trois enfants (Samantha dite Samy

23 ans, Anthony 21 ans et Steve 17 ans) nés d'une première union de 10 ans d'amour, interrompue violemment par un divorce.

Elle a été le premier amour d'Alain, son ex-mari et père de ses trois enfants, qui a voulu vivre sa vie, comme beaucoup d'autres... Il avait l'impression de ne pas avoir profité de sa jeunesse. Adélia a fait face, seule, à l'éducation de leurs enfants, alors que Steve n'était âgé que de 3 ans.

Malheureusement, bien que leurs dix années d'amour aient été passionnées, Alain, au fil du temps, a su oublier que ses enfants avaient besoin de lui.

Un déchirement qui laisse une empreinte indélébile chaque jour, autant aux enfants qu'à leur mère.

Cet abandon rouvre une plaie, à peine cicatrisée aujourd'hui, dans le cœur d'Adèlia et crée un fossé dans celui des enfants. Chacun espère qu'un jour, Alain fera le chemin inverse.

Anthony vit chez un ami, a proximité de chez sa mère; Steve vit à la maison et Samy vit avec Baptiste (son compagnon) dans la villa « Altamira » à Antibes, qu'Adélia et Cédric ont achetée ensemble un an après leur rencontre. Une belle maison, à trois minutes d'où ils habitent dans la villa « La Vivaraise », située à Juan-les-Pins, déjà détenue par Adélia lors de leur rencontre. « Altamira » est une villa magnifique, posée sur un terrain de mille mètres carrés, avec vue sur mer et montagne, au centre d' un parc, avec une magnifique piscine.

Adélia a tenu à ce que chacun de ses amours puissent être mis à l'abri du besoin. Autant Cédric que ses enfants. Elle est d'une telle droiture, que tout a été pensé. Pour que, si la mort les sépare, la peine de les quitter soit adoucie par le bonheur de retrouver sa mère, qui lui manque à chaque instant...

RENCONTRE DE CÉDRIC

....Un cadeau mis sur sa route

<u>Le 15 août 2011 -Juan-les-Pins- 10 h.</u>

Alors qu'elle roule en direction de la poste, où elle doit poster une toile, son portable retentit. C'est Pat ! Un ami d'Adélia, avec sa petite mine et son cœur d'or, qui lui a déjà fait vendre une cinquantaine de toiles simplement en l'espace de douze mois. Il l'avait rencontrée dans un lieu d'exposition et avait immédiatement été séduit, autant par ses toiles que par l'artiste peintre, allant même jusqu'à lui acheter des œuvres pour offrir à son fils Joël, âgé de 37 ans, qui était lui aussi ému par celles-ci. Depuis, ils sont amis et Patrice, lui, collectionne les toiles d'Adélia et la protège.

Le téléphone ne cesse de sonner !

Elle ne répond pas, il attendra !

Enfin ! Elle n'a d'autre choix que de répondre à ce fichu portable ! Pat lui dit qu'ils se sont permis d'entrer, lui et Cédric, car la porte d'entrée était restée ouverte et qu'ils se sont installés dans la salle à manger en attendant son retour.

Ils ont un rendez-vous avec elle fixé depuis 8 jours, et il est important qu'elle soit présente. Cédric vient acheter six toiles, choisies sur le site d'Adélia (adeliamartins.com), et son planning de travail ne lui permettra pas de revenir facilement. Il avait découvert cet art de peindre chez Joël, son meilleur ami, le fils de Pat.

<u>Trente minutes plus tard. ...</u>

Elle arrive chez elle en voiture et aperçoit, garée devant « La Vivaraise », une Audi bleue avec, à ses côtés, la moto de Pat. Elle pense un instant que cette voiture est sympa. Elle gare sa Mercedes Elégance 320 grise décapotée dans le jardin, ne la ferme pas (pour ne pas perdre de temps), monte les marches de la villa deux à deux, puis ouvre la porte d'entrée, dont la poignée est déjà déverrouillée. Elle entre et la laisse grande ouverte, comme à son habitude. Adélia aime garder sa maison ouverte à tous. Fermer une porte à clef est, pour elle, comme une punition faite aux autres.

À peine entrée, elle s'excuses auprès de Pat et Cédric pour son retard. Elle se défait de son sac et se sert un café encore chaud pour les accompagner à boire le leur, déjà servi. En une minute, tous sont assis sur les fauteuils de cuir beige, autour de la table basse du salon, portée sur ses quatre pieds de cuivre et sur laquelle se trouve un plateau de marbre qui accueille les cafés dressée par Pat à Cédric...

Adélia est troublée par cet homme du nom de Cédric. Son cœur bat la chamade. C'est comme un tourbillon qui l'emporte.

Pat ne mâche pas ses mots et ne cesse de répéter:

Ah ! Te voilà enfin, tu exagères !! Nous avions rendez-vous avec toi, ici à dix heures.
Elle s'en excuse encore en se justifiant :
J'avais un envoi de toile à faire partir par La Poste, impérativement avant midi. Ils ont déjà allumé son ordinateur, pris dans son bureau par Pat, et enregistré les toiles choisies par Cédric.

Sans même jeter un œil sur son planning, elle fixe un rendez-vous à Cédric pour le samedi suivant, pour l'établissement des documents de vente des toiles. Elle organise déjà, dans sa tête, une soirée entre amis où serait présent Joël, de manière à ce que Cédric ne puisse refuser d'y participer. Adèlia comprend que sa société l'inonde de travail et, surtout, ne peut pas imaginer ne pas le revoir.

Le samedi suivant - Juan-les-Pins - Villa La Vivaraise-19 h.

Les voilà tous installés sur la belle terrasse de la cuisine, qui surplombe le jardin. Samy, Baptiste, Anthony et Steve sont présents, ils apprécient tous Joël et Pat. Il a aussi des amis de Paris, en vacances chez elle, et même Gisou, une fidèle amie d'Adélia. Tous avaient bien entamés l'apéro.

Pat s'affaire en cuisine: « C'est un chef » s'accordent à dire tous ceux qui ont eu la chance de goûter à l'un de ses plats. Cédric, lui, se fait désirer par son absence, lorsque la sonnette résonne...

C'est lui ! À peine a-t-il passé le pas de la porte que déjà le regard qu'il pose sur Adélia en dit long. Ils savent que leur histoire commence...

Elle l'invite à entrer dans son bureau. Tous deux tremblent d'émotion et sont aussi embarrassés l'un que l'autre par cet isolement. Elle a tout préparé. Il n'a plus qu'à signer et à éditer les chèques pour boucler l'achat de ses six toiles. Un autre tableau, représentant un cœur, lui plait particulièrement. Mais Adélia ne souhaite pas voir partir cette toile.

Aussitôt fait, les voilà qui rejoignent l'ensemble des invités. L'apéro s'éternise durant de longues heures. Chacun y raconte sa vie jusqu'à ce que Pat hurle :

À table,tout le monde !

Sans même se faire remarquer, Adélia avait dressé une table des plus raffinées, qui ne manque pas de séduire son invité phare. Tous se sont exécutés et chacun s'assied à la place qui lui a été attribuée par Adélia autour de cette belle table de verre ronde. Celle-ci est rehaussée par un pied colonial de marbre de couleur beige et vieux rose, et accueille une élégante vaisselle or, des verres coulés mains, assaillis d'or, sans oublier les couverts de nacre beige. Le tout est posé sur une nappe blanche aux fils d'or, elle-même recouverte partiellement d'une surnappe carrée de couleur bordeau, également filetée d'or, achetée à Deauville, après qu'elle a eu tout perdu dans l'incendie de sa précédente maison.

Malgré l'heure tardive, cette journée d'août est encore illuminée par un soleil puissant, ce qui fait scintiller le parc de la villa. La vue d'en haut rehausse le jardin à merveille. La paella, comme d'habitude, est un régal, et les bonnes bouteilles de vin qu'elle a sélectionnées viennent relever ce délicieux repas.

En fin de soirée, les amis, les enfants et Pat, partent les uns après les autres. Seul Cédric ne peut envisager son départ. Les voilà alors à nouveau tous les deux seuls dans cette grande maison, où règne un grand ordre des choses puisque tout a déjà retrouvé sa place. Adélia retient son souffle, espérant que Cédric pourra prendre une quelconque initiative afin de maintenir allumée la flamme de cette délicieuse soirée.

Cédric laisse enfin échapper ces mots si attendus :

Allons finir cette douce soirée tous les deux, au bord de l'eau ! J'ai, dans mon coffre, deux coupes et une bonne bouteille de champagne.

Quelle joie ! Adélia comprend, à ce moment précis, que lui aussi a tout organisé pour que leur rencontre soit des plus uniques, et ne puisse se terminer. Un immense bonheur les submerge... Elle, le cœur battant, se dirige vers sa chambre et change de vêtements pendant que lui, reste assis sur la balancelle de la terrasse, un verre à la main et un bon cigare à la bouche, son regard porté vers le ciel auquel il ne savait comment dire merci pour cette belle rencontre, car seul le hasard l'avait permise.

<u>Quelques minutes plus tard...</u>

Adélia se présente à Cédric dans une totale transformation. Sans un mot, ils se suivent et les voilà tous deux assis dans l'Audi, roulant en direction de la plage toute proche. Une fois la voiture garée, ils se dirigent vers la mer. Arrivés au bord de l'eau, ils s'asseyent sur le sable chaud. Leurs cœurs ne retrouvent pas encore leur rythme, tant ils sont émus.

Cédric sort d'un sac hermétique une bouteille de champagne et deux coupes, qu'il remplit avec le professionnalisme d'un barman avant de tendre la première à sa belle Adélia. Une ambiance délicate et fragile vibre autour d'eux, jusqu'à ce que Cédric pose les yeux sur son téléphone et s'exclame :

Minuit déjà ! Et si nous allions nous baigner ?

Et les voilà alors en maillot de bain, main dans la main, comme pour se rassurer. Ils entrent ainsi dans la mer chaude d'un mois d'août, d'une plénitude totale.

Adélia lâche la main de Cédric et s'apprête à vouloir s'éloigner à la nage, quand soudain, Cédric lui crie en lui attrapant le bras :

Adélia, attends !

Ce contact délibéré fut une invitation suffisante. Elle se retourne, sûre de ce qu'elle veut… Les bras de Cédric l'attendent, leurs lèvres se réclament, dans l'élan des vagues qui dansent, enveloppés par la nuit. Leur désir, exacerbé par la frustration de leur attirance mutuelle durant cette longue soirée, est des plus fougueux. L'un contre l'autre, ils s'embrassent à en perdre haleine, sans plus nier le puissant élan qui les attire l'un vers l'autre. Caresses et baisers s'enflamment, effaçant les danses de leurs vies passées.

Enlacée à lui, elle se sent emportée dans la plus épaisse obscurité de la nuit. Sans renoncer à sa bouche, elle lutte pour que l'élan des vagues ne l'emporte pas. Cédric, de son poids, fait face et maintient le corps d'Adélia, qui menace de lui échapper par la force des eaux. À mesure, leur désir est des plus fiévre Les lèvres de Cédric s'aventurent là où l'interdit perd tous ses droits… Elle-même glisse ses mains le long de son corps, et tous deux goûtent à la chaleur de leurs peaux. Ils frissonnent, se pressent plus encore, avant de rouler sur place enlacés, avides de s'aimer.

Pourtant comme d'un commun accord, ils n'allèrent pas au-delà d'une certaine limite. Ils savaient qu'ils ne la franchiraient pas cette nuit-là, rendue plus idéale encore par toutes ces étoiles tapissant le ciel. Ils se délecteraient du désir de leurs tentations, dans un fragile équilibre où satisfaction et refoulement se disputent la victoire. Quand l'appel du plaisir manqua l'emporter, voilà qu'ils atteignirent un état de grâce.

Cédric relâche alors délicatement sa belle, en la pressant toujours contre lui avant de la reconduire sur la plage où ils s'allongent l'un contre l'autre, main dans la main sur le sable fin et chaud sous leurs corps humides. Ils se caressent de leurs pouces, juste pour garder encore un contact charnel.

Elle lève les yeux au ciel. Lui se frotte le corps afin d'en retirer les grains de sable. Immobiles, tous deux savourent ces sentiments. Cette saveur toute particulière restera gravée à jamais dans le cœur de ces deux êtres aimants.

Ils se rhabillent…

Cédric laisse son regard la parcourir de haut en bas :

Jolie robe, lui dit-il d'une voix sourde.
Merci. Ta chemise, j'adore ! lui répond t-elle.

Il provoque en elle un émoi dont il n'a pas idée. Il la bouleverse, à un niveau viscéral où elle eût préféré ne rien ressentir. Lui aussi éprouve cette attirance sexuelle au plus profond de lui-même. Il a, pour la première fois devant lui, la femme qu'il a toujours attendue. Belle dans tous les sens du mot, et qui dégage toute l'assurance qu'il est permis.

La coupe de sa robe fait paraître jeunesse et innocence. L'ouverture dévoile à peine ses longues jambes fines et musclées. Les diamants à ses oreilles scintillent dans la nuit et le collier niché entre ses seins ressort magnifiquement sur la soie vieux rose.

Se dévorant des yeux, ils détournent simultanément

le regard. Il était probable qu'avant la fin de la nuit ils s'abandonneraient à leur attirance...

Dans son sillage, il a une autre vision d'elle : ses talons hauts, qui accentuent le galbe de ses jambes, les saillants de ses chaussures, qui brillent capricieusement au rythme de ses pas, et son parfum, qui embaume à souhait. Le souffle d'une brise fait ondoyer les plis de sa robe et à cet instant, leurs regards se croisent et tous deux sont menacés par une intime certitude :

Je dois m'accorder de vivre cette idylle qui est un cadeau du ciel et ce, sans limite.

Ils ont conscience que, si elle était possible, elle serait consommée par une force d'intensité inégalée. Leurs yeux leur disent, l'espace d'un instant muet et secret :

Vous êtes mari et femme.

Chacun plongé dans ses pensée, ils rejoignent sans dire un mot la voiture, qui les reconduit comme par magie au pied de la Villa « La Vivaraise ».

Toujours sans un mot, mais avec juste un regard qui en disait trop long, ils se séparèrent... Cette nuit-là, aucun d'eux ne trouve le sommeil. Une confusion entre désir et sentiments les trouble au plus profond de leurs esprits.

Le lendemain matin - Grasse 9 h domicile de Cédric-

Alors que Cédric, déjà en retard, s'apprête à partir pour un rendez-vous d'affaires, c'est le facteur qui frappe à sa porte pour lui livrer un colis. Une grande envie de l'ouvrir le submerge, et il trouve ce facteur bien encombrant...

À peine ouvre-t-il le côté droit de l'emballage que, comme par enchantement? les choses lui semblent écrites ! De son index il dégage une petite carte qui ne demande qu'à s'extraire du colis, sur laquelle on peut lire :

Son cœur se met à battre la chamade, ce facteur est finalement très sympathique. Le temps ne lui paraît plus une gêne et même le ciel semble lui sourire. Il déchire violemment le reste du carton afin de dégager ce si beau tableau, qu'elle ne voulait pourtant pas vendre, imprégné d'un message si poignant.

Mais par qui lui a-t-il été adressé ? Cette pensée est vite dissipée par l'élan de passion qui l' envahit..

Il salue le facteur, lui tend un gros billet et, sans même avoir signé son document, descend quatre à quatre les marches de son immeuble.

Deux heures plus tard-Juan-les-Pins.

Les bras chargés de fleurs et le tableau à ses pieds, Cédric sonne à la porte de la villa d'Adélia.

Adélia ouvre sa porte et ils s'enlacent d'une passion qui n'en finit plus...

Ce mystérieux colis les a unis. Le lendemain matin, et encore le surlendemain, et tous les jours suivants, quand ils se contempleront, ils penseront à un mot que Joël leur avait murmuré le soir de leur rencontre, avant de les quitter.

C'est comme si c'était écrit...

Et ainsi, commence leur vie.

La force des couleurs se confond dans leurs sentiments.

L'INDULGENCE, MAÎTRE MOT POUR SURVIVRE

2 décembre 2013 - Juan-les-Pins - 11 h .

Après avoir pris son bain, le corps embaumant les huiles et les parfums, Adélia se rallonge dans son grand lit blanc, encore chaud après le départ de Cédric, qui après l'avoir farouchement enlacée, est parti au travail.

Il est déjà midi quand elle sort de son lit, enfile son peignoir, et se dirige vers la cuisine, où elle se prépare un plateau avec un café, du sucre et des gâteaux au chocolat (Adélia est très gourmande). Elle revient ensuite dans sa chambre où elle ouvre les portes-fenêtres, qui donnent sur une large terrasse où est installé un adorable salon en ferronnerie, garni de coussins crème et dont le sol est recouvert d'une fausse pelouse moelleuse à souhait. Une table basse, recouverte d'un verre rond, accueille avec bonheur le joli plateau rose offert par Gisou, afin qu'à chaque fois qu'Adélia l'utilise, elle puisse retenir une pensée pour celle-ci. Ce décor lui rend la vie si douce…

Soudain, un désir de créer une toile l'envahit et, après avoir rapporté son plateau dans la cuisine, où elle le range sur le plan de travail, la voilà devant sa table de la salle à manger sur laquelle elle pose une toile déjà ébauchée avec l'objectif de la terminer. Les couleurs se posent sur celle-ci comme par magie. Après que chaque coup de couteaux lui donne de la profondeur, on peut être projeté dans son passé.

Son subconscient se doit de lui rappeler « que sa vie découle de ses bonheurs et de ses blessures »…

Le Portugal au temps de SALAZAR -1968-1971- (suite)

Voilà Adélia à Aguiar de Sousa, en présence de sa famille encore au complet.

C'était comme la suite de son dernier rêve. Adélia est projetée dans l'ambiance de son village, alors qu'elle n'a que deux ans. Elle vient de descendre du bus, sur la droite de l'église. C'est le soir, après le sacrifice de Lucia, sa mère.

En face d'elle, de l'autre côté de la route se trouve l'école où les enfants sont scolarisés quelques heures par semaine dans une stricte discipline. Entre l'église et l'école, on peut voir le bistrot, seul établissement pourvu d'un téléphone qui permet de garder le contact avec l'extérieur. Le soir, les hommes viennent y boire un verre et jouer aux cartes, après leur dure journée de travail. L'après-midi, les femmes y bavardent autour d'un café chaud.

Au pied des marches s'offre à tous de l'eau qui jaillit par la seule petite fontaine d'eau de source potable du village. Nous pouvons y voir défiler des femmes qui se tiennent bien droites, une grosse cruche remplie d'eau sur une écharpe pelotée et posée sur la tête, qu'elles transportent jusqu'à leurs maisons. Des familles y vivent depuis plusieurs générations. Les enfants s'y divertissent en toute quiétude. Sans cesser leur travail, les femmes se crient d'une maison à l'autre, des messages rythmés de rires.

À Aguiar de Sousa, tous semblent heureux, tout simplement, en dépit d'abscence totale de médication .

Quand, d'un chemin à un autre, Adélia court, Lucia l'appelle :

Adélia?

Elle lui répond :

Ouiii, maman !
On se met à table !

C'est ainsi que file le temps, dans un climat doux et paisible au cœur de ce village. Les hommes semblent discrets et souvent absents.

Ils habitent chez mamie Rosa, dans une grande maison.

Au rez-de-chaussée, une cave où sont stockés les fruits et les légumes. Leur grand-mère posséde des champs à quelques longues minutes à pied. Pour y arriver, ils parcourent de longs chemins tortueux et caillouteux. Dans les descentes, ils redoublent d'attention pour ne pas se blesser. Les récoltes, charriées jusqu'aux habitations sur le dos des vaches, sont ensuite entreposées dans les caves, qui sont le cœur de la maison. C'est ici qu'on produit aussi le vin.

Pour arriver à leurs champs, ils traversent des rivières. Le matin, les femmes et les fillettes y lavent leur linge, qu'elles brossent au savon blanc, avant de le rincer et de le poser sur l'herbe ou sur des arbustes, en plein soleil. Elles reviennent ensuite chez elles faire d'autres travaux ménagers. Le temps est compté. En fin de journée, après que les rayons de l'astre d'or ont blanchi leur linge, elles reprennent le chemin à l'envers pour rincer le linge et le plier consciencieusement, afin de le ranger dans de grandes bassines qu'elles portent sur leurs têtes jusqu' à leurs maisons, où elles vont l'étendre à nouveau pour qu'il puisse finir de sécher.

La joie et la bonne humeur des femmes et des hommes est remarquable. Ils réalisent ces tâches pénibles le cœur léger.

Un escalier de bois permet l'accès de la cour à l'étage de la maison. On y trouve deux chambres, une salle de bains sans eau, une grande cuisine, dans laquelle une cheminée s'illumine chaque jour. L'eau du puits, non potable, est tirée à la main à l'aide d'un seau. La cour de la maison est encerclée par de hauts murs de béton qui accueillent une énorme porte cochère en bois. Son sol, couvert de paille, permet aux poules d'y picorer, ce qui fait fuir les serpents, nombreux dans cette région.

À l'arrière de la maison, un petit potager abrite un oranger qui offre des fruits gorgés d'arômes. Rosa est une femme rigide et juste. Elle attribue à chacun ses tâches et sa place. Grand-père, après sa longue journée de travail, apprécie le bienfait d'une détente en famille.

Justin à ses 2 ans, est un bébé adorable, le visage orné de bouclettes châtain clair, il est le bébé d'Adélia, à peine plus âgée que lui, elle en est très fière.

Adélia a maintenant 3 ans, elle est plutôt capricieuse, intrépide, peu obéissante. Comme son père, elle vit à 100 à l'heure. Dès qu'on la réprimande, elle boude. Menue et de petite taille à cause de problèmes de digestion, elle ne mange pas les mêmes mets que les autres pour ne pas vomir. De longs cheveux bruns et raides tombent sur ses épaules, une mèche sur les yeux lui dessine un visage espiègle, rehaussé par de grands yeux noisette, un sourire franc illumine son visage. Personne ne reste insensible à son charme fou ! Pour le bout de chou qu'elle est, la vie n'est que bonheur, dans l'innocence de son âge tendre. Comme sa mère, elle sait ce qu'elle veut.

Maria a 4 ans, c'est une enfant docile et tous l'aiment beaucoup pour sa douceur et sa beauté, elle a la belle chevelure de Lucia et Adélia adore les fossettes sur ses joues.

Manu, pour ses 7 ans, est un garçon calme et tempéré. Il a un visage d'ange et de beaux cheveux noirs, comme Manuel son père.

Lucia et Manuel forment le plus beau couple du village. Lucia est grande et élancée, elle a de grands yeux noisette expressifs et de longs cheveux châtains ondulés lui tombent au bas des hanches. De caractère joyeux, elle est douce, travailleuse et généreuse.

À ses côtés, Manuel parade et veille à ce que personne ne l'approche. C'est un grand et bel homme, toujours sur son trente-et-un, ses cheveux noir corbeau et ses grands yeux marron foncé, bien plus que malicieux, lui confèrent un charme fou. Travailleur, protecteur, de nature jalouse et méfiante, il n'en reste pas moins toujours joyeux et généreux, lui aussi vit à 100 à l'heure et ne perd jamais un moment pour s'amuser.

Avec Lucia, ils ont construit la plus belle maison de Santa Comba.

LE COURAGE DE NOS PARENTS

2 décembre 2013 - Juan-les-Pins - 15 h passées

Adélia se recule un moment pour visionner ce tableau et se dit, avec admiration, qu'il reflète bien sa famille le cœur plein de courage. Elle regarde son téléphone et voit qu'il est déjà 15 heures. Anthony est venu dire un bonjour à sa famille, mais voyant sa mère si absorbée par sa toile, il s'est installé en silence sur le canapé du salon. Il visionne la télévision dans l'attente d'un coup de fil d'un ami, en caressant Billy qui dort sur ses genoux.

Lorsque Adélia s'écarte de la toile, il prend Billy dans ses bras, se lève et s'approche pour admirer, comme hypnotisé....

Steve est sans doute encore en train de dormir car aucun bruit n'émane du haut de la maison où se trouve sa chambre. Samy, elle aussi, est venue partager un moment avec sa mère. Voyant sa mère occupée, elle range la cuisine pour la soulager. Adélia et sa fille échangent un regard, stupéfaites de l'attention qu'Anthony porte à cette toile.

Après un long silence...

Anthony s'exclame : *Pour moi, c'est comme un mirage !*
Samy lui demande : *Quel mirage ?*
Adélia leur répond : *Peut-être celui du temps impalpable de l'enfance. Je vous raconte : quand maman est partie et nous a laissés chez mamie, le temps filait.*
Samy insiste : *Mais combien de temps ?*
Je n'en sais rien, mais je me souviens d'un dimanche matin.

Chez mamie Rosa à Aguiar de Sousa - 1971 -

Réveillée par de grands rayons de soleil illuminant la chambre qu'ils partagent tous les quatre, Adélia saute de son lit pour rejoindre la cuisine et elle s'assoit à la table où tous déjeunent. Des gâteaux tout chauds et du lait sorti du pis de la vache sont posés sur la table, mais aussi du pain et la confiture maison de mamie.

Soudain, le repas est interrompu par trois coups très forts, donnés sur la porte cochère. Grand-mère demande à Maria d'aller ouvrir.

Alors qu'elle descend tranquillement l'escalier, Adélia se lève d'un bond, dévale l'escalier, manquant de la faire tomber. Arrivée devant cette porte d'où sortent des bruits sourds, elle attrape un grand anneau qui lui sert de poignée et tire, se couchant en arrière de toutes ses forces, cette porte qui lui semble toucher le ciel.

Quand enfin elle s'ouvre, éblouie par le soleil, Adélia couvre ses yeux qui la brûlent de ses petites mains et ferme les paupières, avant de les rouvrir.

Et là ! Devant elle se dessine, comme un mirage, deux ombres...Un monsieur et une dame.

Adélia : *Papi, mamie ! C'est une dame et un monsieur !*

D'une voix assurée et joyeuse, Maria hurle de tous ses poumons : *Adélia, c'est papa et maman !*

<u>2 décembre 2013 - Juan-les-Pins - 15 h passé suite.</u>

Je pense que cette blessure était profonde, puisque l'absence prenait toute sa dimension dans le néant, au point que je les avais oubliés, peut-être pour ne plus souffrir. Ils étaient pour moi et, je pense aussi pour Justin, des inconnus. Seuls Manu et Maria s'en souvenaient.

Samy reprit :
Moi aussi, quelquefois, je préfère oublier pour ne plus souffrir. C'est curieux que cela soit possible ! Mais cela peut être dommage, car que se passe-t-il si on oublie quelque chose d'important à finir...?

Adélia répond :
Je sais que lorsque notre désir est d'avancer dans un élan, il garde notre souvenir, même douloureux, présent à

jamais. Par exemple, quand mes parents sont revenus nous chercher chez mamie Rosa et que nos retrouvailles autour d'un bon diner (œuvre de mamie Rosa) furent finies, nous voilà tous les six revenus dans notre belle maison de Santa Comba.

Nos parents nous informent alors que nous allions partir vivre en France....

Sainta Comba - 1971 -

Une ambiance de souvenirs fuse dans sa tête, alors qu'elle n'est pas encore partie...

Leur mamie Victorine, la maman de Manuel habite seule, la maison voisine. De petite taille, toute douce, son corps était épuisé par le travail. Elle était la plus gentille, mais aussi la plus triste depuis qu'elle avait perdu son époux, papi Antonio, de qui Adélia n'à gardé aucun souvenir. Il faut dire qu'être mère de 10 enfants, cela occupe. Elle souffrait tant de les voir partir si loin. Surtout que plusieurs de ses enfants avaient déjà quitté le pays et n'y revenaient que rarement, par manque de moyens. Pour leur départ, elle a préparé, à tous, leurs mets préférés et a rempli les poches de chacun de bonbons. Son amour pour eux était tel qu'il l'enveloppe encore toutes les fois où Adélia pense à elle. Elle lui a fait le plus beau des cadeaux : *la gaiola para grilos.*

Ce soir-là, Lucia leur a servi une infusion chaude dans des tasses. Tous assis sur leurs chaises de paille, ils boivent en silence. La cheminée crépite de mille feux quand Manuel leur demande de filer.

et leur dit que le lendemain, au matin, ils partiront pour la France, un pays loin d'ici !

Vite, Adélia va dire au revoir à son ami *grilo*, qui, elle espère, sera dans son trou à cette heure-ci. Elle s'approche délicatement de son habitation, jusqu'à toucher l'entrée de sa maison de terre, et dresse l'oreille pour écouter son chant et avant de lui dire :

Grilo, tu sais ... eh bien, toi et tous mes amis grilos, vous ne me verrez plus. Je ne pourrai plus venir chanter avec vous et ne pourrai plus vous inviter chez moi. Notre famille s'en va et moi aussi !

Son ami *grilo* ne veut plus chanter. Sûr qu'il est triste de penser qu'ils ne la reverra plus jamais.

Elle lui dit alors :

Réponds-moi, grilo ! Tu ne veux plus me parler ? Enfin, dis-moi quelque chose ! Je t'en supplie ! Ce n'est pas de ma faute si mes parents sont venus nous chercher pour nous emmener en France, où, peut-être, tu as des amis grilos ?

À cet instant, sur ses joues rebondies ruissèlent de grosses larmes de chagrin d'enfant. Il était fâché !

Es-tu là, grilo ? Lui criait-elle.

Elle l'abandonne... Elle reste là, assise, comme paralysée, et pourtant sa gorge pousse de drôles de cris.

Clelia, sa copine, hurle :

Ne pleure pas ! Le grilo ne peut pas comprendre que tu pars et qu'il ne te reverra plus.

Elle s'approche d'eux et lui dit tout doucement dans le creux de l'oreille :

Va chercher la gaiola et invite le grilo chez toi. Il verra que tu ne peux pas rester et que ce n'est pas ta faute.

Elle court alors vers la maison, grimpe les marches deux à deux jusqu'à sa chambre pour prendre la gaiola para grilos[1].

En passant dans la cuisine, elle récupère une timbale qu'elle remplit d'eau, puis revient au pas de course vers Clelia, restée devant le terrier du grilo, toujours aussi fâché. Elle a couru si vite que la timbale d'eau s'est vidée de la moitié de son contenu. Mais heureusement, il en reste encore. Clelia lui présente une longue paille coupée à ses pieds :

1 *Uma gaiola para grilos* est une petite cage de fer comme celle des oiseaux (environ 20 cm de hauteur), avec un anneau sur le dessus pour la tenir.

Tiens, invite-le à venir dans ta gaiola, lui dit-elle. *Ainsi, une fois chez toi, il constatera que tu ne peux échapper au voyage et que ta chambre et ta maison restent là, et que donc, tu reviendras.*

Elle avait raison. Adélia s'empresse de verser l'eau de la timbale dans son trou jusqu'à le noyer. Elle écarte l'herbe devant sa porte, glisse sa paille dans la petite fente de terre, jusqu'à ce que celle-ci le chatouille et le guide pour trouver le chemin de sa gaiola. Elle le voit sortir tristement jusqu'à sa paille. La montée lui a été difficile. Epuisé et sous l'eau, il n'y voyait plus rien, tant ses yeux étaient emplis de larmes. Elle était si heureuse de voir le grilo entrer dans sa gaiola.

Vite, ferme la porte ! lui crie Clelia. *Sinon il va partir !*
Ce qu'elle exécute immédiatement avant de chanter pour son grilo :
Gri-gri anda aqui, vem ai o teu patraõ, com uma faca e um facaõ para te curtar o curaçaõ.[2]

Tous les trois, les voilà chez elle. En arrivant, son ami chante, mais elle ne reconnait pas sa voix et c'est tristement qu'il lui dit :

Tu n'as plus de lit ? Ta maison n'a plus de meubles ? Pourquoi ta maison est-elle vide? Et ma gaiola, tu l'emportes aussi ?

Le cœur gros, aucun son ne peut émerger de sa gorge. Enfin, elle lui dit :

Je te promets d'emporter ta gaiola et, dès mon retour de France, je viendrai t'inviter plein et plein de fois dans ma chambre.

2 Chanson : « Grillon, vient ici parce qu'à grands pas ton patron arrive avec un couteau et un poignard pour te couper le cœur ». Mots qui évidement n'ont aucun sens pour des enfants de cet âge, mais que tous ont appris de leurs parents.

Rassuré, il lui promet d'expliquer à tous ses amis grillons la raison de son départ. Il lui demande également de garder la gaiola pour que, dès son retour, elle vienne les voir pour encore et encore chanter avec eux.

Elle raccompagne son copain à sa maison, ouvre la porte en fer de la gaiola, la penche vers l'entrée de la sienne et l'aide à y en entrer. A cet instant, tous les grillons se mettent à chanter de joie de retrouver leur ami. Jamais de sa vie elle n'a entendu une aussi belle chorale, elle se retourne pour remercier Clelia, mais elle avait disparu. La tête lui tourne, elle se met à trembler quand soudain elle voit son amie, plaquée au sol, la tête entre ses mains, elle larmoie.

Mais que fais-tu par terre, Clélia ? Pourquoi tu pleures ?

Quand reviendras-tu, Adélia ? Quand est-ce que nous pourrons rejouer ensemble ? lui dit-elle en relevant la tête, ses joues baignées de larmes.

Bientôt !

C'est quand bientôt ?

Sais pas moi... bientôt... dit Adélia en soulevant les épaules.

Dimanche prochain ! Pleure plus Clelia, c'est vrai que je reviendrai et alors toutes les deux on jouera ensemble avec nos grilos. Je te le jure sur ma tête à moi !

Son visage s'illumine d'un grand sourire, tandis qu'elle sèche ses joues d'un revers de main.

Adélia a alors une idée formidable. Dans sa chambre restait une petite commode trop vieille pour être emportée.

Viens, Clelia, allons cueillir des marguerites pour faire un collier, lui dit-elle en lui prenant la main.

Courant à travers les chemins, elles cueillent une cinquantaine de marguerites puis, assises sur les marches de la maison, leur ôtent la queue et, à l'aide d'un fil enfilé dans une aiguille, les assemblent jusqu'à en faire un magnifique collier de fleurs jaunes et blanches.

Tu vois, Clelia, avant que les marguerites ne fanent, je serai de retour. Promis ! lui assure-t-elle.

Clélia convaincue, ses yeux pétillants de malice brillent de nouveau. Leurs folles évasions à travers l'espace rocailleux de leur joli village vont recommencer. Elles s'enlacent si fort que ses bras la font souffrir, puis elles reprennent chacune le chemin de leur maison.

Pour Adélia, c'était incompréhensible, des mystères de grands. Elle ne savait pas encore qu'elle ne verrait plus de sitôt ses copines, ses grillons, les fleurs sauvages de la campagne, sa chambre qu'elle partage avec Maria.

Tout va disparaître ! Elle est perdue au milieu d'un monde immense.

Il lui arrive de se sauver de la maison en pleurant et de courir jusqu'à ce que le souffle lui manque. Et ce soir là, lors de cette course folle, un grillon chanta seulement pour elle.

Cette symphonie vibre encore dans ses rêves.

2 décembre 2013 - Juan-les-Pins - 15h30.

Les enfants, une promesse ne peut être que promesse, car elle ne serait réalisée que par le hasard et non pas par notre seul vouloir.

- Alors vivre pleinement l'instant est l'essentiel. Et si vous y voyez clair, c'est Clélia qui m'a ouvert la route pour que le chemin soit moins dur à parcourir…

Et c'est son souvenir, triste mais plein d'amour, qui m'a permis de ne jamais oublier tous ses détails.

SOUVENIR INDÉLÉBILE

Et sur la toile, que signifient les traits dirigés vers le ciel ? lui demande-t-on.

Les routes de l'inconnu, répond Adélia

Raconte-leur ! lui dit-on.

C'est en car que nous avons pris la direction de la France, qui nous attendait à bras ouverts, d'après mes parents. J'avais 3 ans et le grand car grondait devant notre belle maison...

Santa Comba - Portugal.

Lucia, avant d'y monter, assied les garçons et Maria sur une banquette aux cotés de la sienne.

Adélia, on t'attend ! crie Manuel, impatient, les clés à la main, pressé de fermer la porte de leur maison et excité par la hâte de pouvoir, lui aussi, prendre place dans ce grand bus. Adélia se dépêche de filer dans sa chambre, pose dans le tiroir de la vieille commode toute triste, disposée dans un coin sombre de la pièce, son si précieux collier de marguerites magiques qui ralentira le temps de son absence. Elle dévale ensuite l'escalier, monte sur les genoux de Lucia, qui est déjà installée, et pense à ses amis et au collier, gage de son retour. Manuel monte enfin et voilà le bus qui ferme ses portes et roule à travers les routes sinueuses, en veillant à ne pas tomber en traversant le pont si étroit situé à la sortie du village.

Le voyage lui fut désagréable à cause du mal des transports. Durant ce long trajet, elle à vomi à maintes reprises, mais elle a aussi découvritaussi de beaux paysages, des rayons de soleil qui peignaient des ciels toujours différents, des maisons bizarres, de drôles de voitures, et aussi à chaque arrêt du bus, des personnes qui parlaient de choses qu'elle ne comprenait pas.

Il y avait de nombreuses familles portugaises, promises à l'émigration, revenant de vacances ou bien allant visiter leurs familles déjà installées au pays du paradis.

Des visiteurs, séduits par la France et ses opportunités.

Certains ne retourneraient pas au pays natal, ils resteraient chez des amis déjà installés ou y résideraient clandestinement.

Les passagers ont peu d'argent mais leurs paniers sont bien garnis.

Lucia a préparé des plats et emporté des fruits, elle a même cuit le pain et Manuel s'est occupé de mettre en bouteille le vin, comme l'ont fait tous les autres voyageurs. Ils se partagent tous la nourriture, goûtent les vins de toute la région et s'échangent leurs secrets, telle une grande famille lors d'une réunion.

Ils parlent très fort et rigolent tous en même temps, buvant à la santé de tous, de leur pays, et du pays qui les accueille, «la France» sans oublier de prier Dieu pour qu'ils les protège durant leur vie future.

Les enfants semblent heureux. En effet, les parents occupés les uns avec les autres, leur accordent une totale liberté, ce qui permet de nouvelles rencontres de copains. Sur les aires de repos, ils courent partout, en poussant des cris de dingues.

Tous endimanchés pour honorer ce voyage....

Ce voyage est une grande aventure et les parents se doivent de donner le meilleur d'eux-mêmes pour faire bonne impression à leur arrivée en France, chez les amis qui les accueillent. Pas question d'arriver là-bas comme des pauvres !

Maria et Adélia portent la même robe de laine blanc et rose ornée de trois fleurs sur le devant, tricotée par Lucia, leurs sandales neuves sont elles aussi couvertes de fleurs roses.

Lucia a tressé les longs cheveux magnifiques de Maria et a pris soin de brosser ceux d'Adélia. Manu et Justin portent un même short bleu marine à bretelles et une chemise à manches courtes parée d'un col marin que Lucia a cousu.

Manuel aussi est élégant dans son costume de couleur sombre. Sa cravate rouge, nouée sur une chemise de soie blanche, laisse dévoiler ses boutons de manchettes. Il est chaussé de ses plus belles chaussures noires vernies.

Lucia, quant à elle, porte à son cou ses grandes chaines d'or, sur une belle robe blanche qu'elle s'est aussi confectionnée pour cet événement. Quelle belle maman ! Ses longs cheveux sont remontés en un magnifique chignon, qu'espiègle, Adélia s'amuse à tripoter.

Chacun est sur son trente-et-un et lorsque l'on se la remémore, on se souvient de cette épopée émouvante, irréelle et extraordinaire. Chacun s'échange des astuces pour une bonne intégration en France, ils sont comme les membres d'une même famille.

Cette ambiance cesse au moment où la porte du bus s'ouvre sur la terre d'accueil.

En un instant, ce doux manteau de protection se disloque, chaque personne, désormais face à l'inconnu, va devoir s'envoler de ses propres ailes. On peut alors déceler la détresse dans leurs yeux, mais aussi dans leurs voix.

Une nécessité immédiate les hante ! Où séjourner cette première nuit avec leur famille ?

Cette angoisse envahit l'assemblée entière.

Alors que les enfants sont surtout fatigués par cet interminable voyage et ne veulent que boire un bon bol de lait et dormir, dormir, dormir…

Lucia est la première à débarquer du car. À peine un pied posé sur le sol français, elle s'écrie :

Manuel, nos amis sont là !

Leurs visages se détendent comme par magie, un immense soulagement les envahit, c'est beau de voir cette solidarité nationale ! Ils ont déjà des amis en France !

Des Portugais qu'ils avaient rencontrés et qui les avaient hébergés et aidés à trouver un travail dès leur arrivée en France l'année passée. Cette aide providentielle a favorisé leur adaptation dans ce nouveau pays. Ensuite, il ne leur fallut que six mois pour y être régularisés.

2 décembre 2013 - Juan-les-Pins - 15h45.

Dans le salon, Samy et Anthony discutent avec Adélia. Steve descend de sa chambre et regarde une toile posée sur la droite, à même le sol du salon, lorsqu'il s'exclame :

Je vous entends parler de cette toile depuis un moment et moi ce que j'y vois c'est surtout des coups de couteaux !

Ah non, lui dit sa mère, *ce n'est pas de ce tableau que nous parlions, mais tu as raison : sur celui-là, c'est bien le message que je souhaite faire passer.*

Alors, reprend Steve, *qu'as-tu voulu faire passer comme message sur celui-là ?*

Peut-être que chaque blessure et chaque épreuve, bonne ou mauvaise, est perçue différemment par chacun d'entre nous : par exemple, alors que mes frères paraissaient tranquilles, moi, j'étais inquiète. Je vais vous raconter notre premier jour en France.

FACE À L'INCONNU CE SONT TOUS DES ENFANTS

CHAPITRE 2

La France - 1971 - Un pays d'accueil

Essonne-France.

Le lendemain matin, Adélia est réveillée par un rayon de soleil qui traverse un interstice entre deux planches de bois et qui lui dit :

Bonjour toi, tu es en retard, lève-toi !

En effet, elle est seule. Manu, Maria et Justin ne sont plus sur leurs lits.

Ils sont hébergés provisoirement dans une structure d'accueil composée de modestes cabanons en bois recouverts d'un toit de tôles, avec une porte bizarre. Au sol, de la terre battue. Tout autour, d'autres cabanons, tous semblables.

Comme dans les campings, de grosses casseroles permettent de chauffer l'eau (pour l'hygiène et la préparation des repas) sur des bouteilles de gaz.

Des voix de femmes attirent alors son attention. Parmi elles, celle de Lucia.

Une planche de bois tenue par deux tréteaux, fait office de table. Du pain et d'autres aliments y sont posés.

Dans un silence de plomb, Maria, ses frères et d'autres enfants déjeunent déjà.

Adélia les rejoint et s'assied à leurs cotés. Lucia et une autre dame s'activent à la préparation d'un petit déjeuner copieux, afin de rendre heureux tous ces enfants si tristes par le débordement de souvenirs laissés derrière eux.

On peut lire sur le visage de Lucia, dont les yeux étincellent de plaisir, combien elle est heureuse de savoir que ses enfants ne seront plus séparés d'elle.

Comme au Portugal, une prière est de mise avant d'entamer chaque repas.

Sitôt fait, chacun a avalé sa nourriture.

Ensuite, comme une volée d'oiseaux, les enfants s'égaillent.

Les hommes débattent travail à voix haute et les femmes s'attèlent à ranger les cabanons.

Malgré son jeune âge, Adélia manifeste déjà de sérieux signes d'indépendance et aussi d'indiscipline.

Maria s'occupe de Justin, Manu aide son père à l'extérieur, quant à Lucia elle leur demande de la suivre dans la cabane pour les habiller.

Tous s'exécutent, sauf Adélia qui s'éclipse discrètement pour aller visiter les parages.

Non loin de là, elle aperçoit un étrange animal attaché à un poteau. Il a une fourrure blanc et noir admirable. Elle s'approche délicatement pour le saluer et le libérer, mais à peine lève-t-elle sa main à la hauteur de sa tête, qu'il l'attaque et la mord profondément au menton. Le sang gicle dans tous les sens et la bête grogne encore de colère, Adélia est comme choquée et ne bouge plus. C'est effrayant, le chien ne la lâche pas.

Des personnes hurlent :

Arrête, sale berger allemand...

Alors qu'elle croit trouver un ami, ce chien lui présente de grandes dents et la croque de toutes ses babines en tirant sur sa chaîne, heureusement bien attachée au poteau de fer. Il lui fait si peur ! Mais elle trouve quand même la force de reculer sur ses fesses, en criant.

Des personnes accourent pour l'isoler de ce méchant animal. C'est une enfant maculée entièrement de sang que Manuel et Lucia découvrent... Lucia hurle de peine pendant que Manuel attrape sa petite fille et, avec l'aide d'un ami, la transporte à l'hôpital le plus proche.

Adélia est traumatisée, la voilà dans un hôpital, un endroit austère, par ses odeurs, froid et tout blanc.

Lucia l'installe sur un haut lit et un docteur lui nettoie la plaie au menton laissée par la morsure du méchant chien, avant de la recoudre avec de grosses aiguilles.

Les parents sont soulagés : la plaie, qui saigne beaucoup, n'est finalement pas si importante, une fois recousue. Adélia en garde une peur terrible des bergers allemands et un visage bien endommagé.

C'est ainsi qu'elle eut ses premiers vaccins contre la rage et autres.

Elle comprend alors que cette bête n'est pas aussi gentille que son grillon.

De cette mésaventure, gravée dans sa mémoire, elle garde une petite cicatrice au menton qui rappelle le premier jour de son arrivée en France. Cette discrète cicatrice a volé la place de la fossette qu'elle aurait dû avoir et qui pare le gracieux visage de Maria, lui apportant un charme fou.

Plus tard, Manuel et Lucia trouvent du travail, obtiennent une carte de séjour et, après des formalités très compliquées, le service social leur accorde un appartement dans la cité où Manu et Maria sont scolarisés.

2 décembre 2013 - Juan-les-Pins - 16 h.

Vous comprenez, les enfants, pour mes frères, cela s'est bien déroulé mais pour moi, un peu moins. Il m'a fallu plus de temps pour m'adapter.

Samy demande alors :

Combien de temps il a fallu à papi et mamie pour s'adapter en France ?

Deux ans à peine ont suffi à ce beau pays pour nous adopter.

L'appartement de Sainte-Geneviève-des-Bois, en banlieue parisienne de l'Essonne, leur a été attribué rapidement. À 4 ans, Adélia vit dans un joli appartement de quatre pièces, en entresol d'un immeuble de trois étages.

Les filles partagent une chambre et les frangins, la deuxième. Manuel et Lucia occupent, quant à eux, la troisième. Les fenêtres s'ouvrent sur une immense surface gazonnée où les enfants s'allongent avec les copains qu'ils se sont rapidement faits dans l'immeuble, d'autant qu'ils sont tous portugais.

La maison est bien équipée et ils ne manquent de rien. La grande cuisine abrite un réfrigérateur/congélateur, un lave-linge ainsi que bien d'autres choses. Et, surtout, de l'eau coule à tous les robinets !

Dans le séjour, un grand téléviseur couleur et de beaux meubles. La famille, de nature sociable, partage ses repas avec ses nouveaux amis et voisins.

À Noël, les filles aident leur maman à dresser un grand sapin, dont l'étoile posée au sommet touche le plafond et elles le couvrent de guirlandes et de boules multicolores très fragiles.

Manuel et Manu y ajoutent les guirlandes électriques clignotantes.

Quant à Justin, le petit dernier, il touche à tout et se fait gronder.

Pour maintenir ce confort, après que Manuel a travaillé la journée, la famille part chaque soir à pied jusqu'à un restaurant où Manu et Maria aident leurs parents à faire du ménage.

Justin et Adélia vident et lavent les poubelles. Une fois la corvée terminée, ils font une course à celui qui tourne le plus rapidement autour du gros bac à fleurs qui agrémente l'entrée du restaurant.

Durant le long chemin du retour à la maison, toujours à pied, ils chantent tous ensemble des airs du Portugal. Adélia se rappelle encore des paroles de Lucia pendant ces nombreux trajets :

Marche droit, ma fille.

Grâce à ces conseils, qu'elle suit au pied de la lettre, elle a aujourd'hui une démarche bien droite.

Rien ne venait altérer leur bonheur.

Sauf que, chaque soir, des cris d'enfants ou de femmes s'échappent des fenêtres de tous les appartements de d'immeuble. Le lendemain, une fois les hommes partis au travail, Lucia et les autres femmes se retrouvent, soignent leurs bleus, se consolent et sèchent leurs larmes.

Cette violence traumatise tous les enfants de la famille...

Les immeubles, tous identiques, sont habités par des communautés distinctes : les Portugais, les Italiens, les Espagnols.

Chacun chez soi, comme un petit pays où les adultes ne se côtoient pas.

2 décembre 2013 - Juan-les-Pins - vers 17 h.

Steve : *Trop beau, le chien !*

Samy : *Je croyais que c'était une météorite.*

Anthony : *Je pense que maman et sa famille ont vécu leur départ comme une météorite tombée du ciel, et que la France leur a ouvert les bras comme le fait l'amour d'un animal pour son maître ; sauf que le chien ne connaissait pas maman et qu'il n'a fait que se protéger...*

Pourquoi la couleur noire domine- t-elle la toile, maman ? demande Anthony.

Ah, je comprends pourquoi il y a toujours un lien, dans tes toiles, entre le ciel et la mer, dit Anthony.

Samy :

Pourquoi tes drôles d'oiseaux, si différents les uns des autres, sont-ils tous peints de la même couleur ?

Adélia :

Chaque amour est différent, mais peut être aussi puissant.

Le noir est la couleur qui met le plus toutes les autres en valeur... répond Adélia.

Samy demanda alors :

Mais quand êtes-vous repartis pour le Portugal, retrouver ton amie Clelia et tes amis les grilos ?

COMME TOMBÉ DU CIEL

Août - 1973 - Premières vacances au Portugal.

Leur premier retour au Portugal pour les vacances d'été a eu lieu le 1er août 1973. Adélia est maintenant âgée de 5 ans, Justin le bébé, et toute la famille s'investissent dans les préparatifs.

La veille au soir, avant le coucher, tous à genoux contre leurs lits, prient pour remercier Dieu de ce merveilleux voyage, qui va leur permettre de retrouver leur famille.

Les voilà fin prêts, à quatre heures du matin, devant ce bus où beaucoup de portugais s'entassent déjà. Sacs, valises, cartons, cadeaux fragiles, et bien d'autres choses s'amoncellent pour trouver leur place dans le grand coffre. D'autres bagages occupent la galerie sur le toit et on retrouve également des sacs d'objets fragiles placés sous les jambes des voyageurs.

Impossible pour Adélia de se souvenir de la durée du voyage entre Sainte-Geneviève-des-Bois et Santa Comba. Toutefois, elle entend encore son père râler, lorsque des automobilistes roulent trop vite, au mépris des limitations de vitesse. Une fois, il pointe du doigt un chauffard en disant :

Dans pas longtemps, s'il ne ralentit pas, on le retrouvera dans un fossé !

Effectivement, un taxi, leur ayant coupé la route à vive allure, fut retrouvé plus loin complètement écrasé, avec, à l'intérieur, des passagers blessés et peut-être même des morts.

Ouf ! Passé la frontière espagnole ! Maintenant, le Portugal.

Les passagers poussent un soupir de soulagement, chacun peut se détendre.

Plus tard, dans un silence et le noir total, Manuel réveille sa famille. Ils sont arrivés à Santa Comba, où leur belle maison leur ouvre les bras. Tous sortent du bus et, avec l'aide de leur grande famille, déjà là pour les accueillir, ils rassemblent leurs affaires et se précipitent chez mamie Victorine qui leur a préparé un diner de roi.

Ce repas familial, festif, se termine bien tard, et c'est chez mamie que finalement la petite famille finira sa nuit…

À son réveil, Adélia n'a qu'une idée fixe... Son collier de marguerites est-il toujours aussi beau ?

Gravissant avec Maria les marches de leur maison à la hâte, elle se précipite dans sa chambre et ouvre le tiroir du vieux meuble.

L'horreur !!!
Le collier de marguerites, envolé !

Trop de temps s'est écoulé depuis leur départ, elle est coupable de ne pas avoir tenu la promesse faite à ses amis. Heureusement, elle a rapporté sa gaiola, pour leur montrer qu'elle a essayé de tenir sa promesse, mais que ce sont ses parents qui commandent.

Ses peines sont noyées par une grande faim et, après une collation, épuisée par le long voyage, à peine assise sur son lit, elle tombe dans un sommeil profond ; c'est le chant des grillons qui la sort du sommeil. Elle reconnait celui de son grilo, qui doit chanter son arrivée.

Le déjeuner est vite avalé. Elle quitte la maison sans oublier de se saisir de la gaiola, pour courir à travers les chemins rocailleux où elle espère aussi revoir son amie Clelia ; pourvu qu'elle ne se soit pas envolée comme le collier de marguerites !

Adélia est si pressée de retrouver ses amis les grillons qu'elle tombe à plusieurs reprises sur les cailloux, elle se frotte les genoux, et repart, seuls les grillos importent.

Miracle, Clelia est là. Elle a dû deviner son arrivée, ou bien les grilos l'ont avertie.

Leur joie de se retrouver est immense. Le temps passé les a fait grandir de quelques centimètres. Ensemble, elles retrouvent la maison, où Lucia met des sparadraps sur ses plaies.

Manuel gronde Adélia comme le tonnerre, parce qu'elle s'est enfuie sans prévenir. En punition, il renvoie Clelia chez elle et Adélia est priée de monter dans sa chambre jusqu'à l'heure du diner. Cet isolement, pourtant court, lui fait ressentir comme un emprisonnement, elle pense alors à ses grilos, qu'elle enferme dans la gaiola : eux aussi doivent être malheureux de ne pouvoir en sortir. Elle réalise alors que les mettre en cage est une injuste et cruelle punition.

C'est alors qu'elle prend la grave décision de jeter cette cage-prison et de laisser ses grilos vivre en liberté.

Les vacances arrivaient à leur fin.

Déjà, l'heure du retour en bus a sonné, leur dit Lucia.

C'est le cœur gros qu'ils repartent pour la France.

Bien que leur cœur saigne de l'amour laissé au Portugal, c'est aussi de l'amour qui les attend en France.

Ces vacances furent rythmées par des cabrioles, des baignades, des éclats de rires ainsi que par des réunions familiales festives où ils offraient à chacun des cadeaux apportés de France. Le village n'avait pas changé et n'était qu'une seule et grande famille.

Les Portugais du village respectent les émigrés qui ont réussi par leur courage à s'installer en France ou ailleurs.

Les émigrés ne savent plus qui ils sont : où qu'ils aillent ce sont des étrangers.

Au Portugal, on les appelle « les Français », et en France, « les Portugais».

L'essentiel est de nourrir sa famille, de gagner suffisamment d'argent pour aider les parents restés au pays, et d'y revenir en vacances.

Donner et recevoir sont les deux faces d'un même plaisir.

Les enfants émigrés doivent, d'après les habitants du village, avoir des amies fées, puisqu' ils portent une multitude de jolis vêtements.

Les vêtements français, souvent achetés à bas prix, sont pour les portugais un grand luxe.

Habituée au confort de leur bel appartement français, Adélia est choquée : au Portugal, l'eau ne coule pas des robinets et personne ne possède l'eau courante chez lui.

L'école portugaise aussi est triste. Rien à voir avec celles de la France.

Pour rien au monde ils ne voulaient quitter la France, un pays si différent.

UN CADEAU DU CIEL

2 décembre 2013 - Juan-les-Pins - vers 17h30.

Anthony, assis sur le canapé se tourne sur lui-même et pointe du doigt un tableau blanc accroché au mur de la salle à manger.

Pourquoi ne l'as-tu pas encadré celui-là, maman ?

Adélia : *Parce que l'amour est sans limite, et que celui-là a une signification toute particulière. Une couleur, aussi douce soit-elle, peut dégager tellement de force et d'amour.*
Je l'ai compris le jour de mes six ans, et cette toile signe l'amour d'une maman pour son enfant.

Vous voulez que je vous raconte mon dernier anniversaire passé auprès de ma mère ?

Oui ! lui répondent en chœur, ses trois enfants.

UN TAPIS BLANC TOMBÉ DU CIEL, POUR SES SIX ANS

24 février 1974 - Sainte-Geneviève-des-bois (Essonne)- 7 h.

La radio chantait à tue-tête ce matin-là.

Bonjour les auditeurs, nous sommes le 24 Février 1974, disait la radio.

Chouette !.. debout tout le monde, pense Adélia.
Elle a aujourd'hui 6 ans.

Comme chaque matin, Manuel parti pour le travail, Lucia réveille tendrement ses enfants. Après que chacun s'est préparé, ils se dirigent vers la cuisine où les attendent un bol de lait chaud et les bons gâteaux confectionnés par leur mère.

Puis ils prennent la direction de l'école, quelle chance ! Ce jour-là, le jour de l'anniversaire d'Adélia, l'école est fermée pour raison d'intempéries, c'est en flânant qu'elle retrouve le chemin de sa maison.

Depuis la fenêtre de sa chambre, elle découvre pour la première fois de jolis flocons de neige tombés du ciel, elle est sûre que c'est un cadeau pour elle, venu du ciel pour son anniversaire.

C'est trop beau ! Le sol se drape d'un beau tapis blanc.

Au retour de son père, elle recevra pour son anniversaire un beau cadeau, mais, c'était la surprise, personne ne savait, pas même Manu et Maria, qui, pourtant étaient grands.

La journée se passe dans une douce ambiance. Chacun s'attèle à soutenir Lucia dans les préparatifs, pour que, dès l'arrivée de Manuel, la fête puisse commencer.

Des bougies, dans tous les coins du séjour, scintillent et Maria aide sa maman à préparer un excellent repas.

Ils ont invité les voisins et leurs enfants.

Adélia est très nerveuse et agitée, jusqu'au moment du dessert, quand Lucia demande à Manuel :

Manuel, où est le vélo d'Adélia ?

Un vélo, une bicyclette ? pense-t-elle. *Pour elle toute seule ! Elle va avoir un vélo !*

Quel bonheur ! Mais rien ne vint, car Manuel décréta qu'elle ne l'aurait que le lendemain matin et ce, seulement si elle se tenait tranquille. Elle avait dû faire ou dire des bêtises qui justifiaient cette punition, car il ne plaisantait jamais. Manu, Maria et Justin sont aussi déçus qu'Adélia, alors, elle devient aussitôt la plus sage des petites filles.

Le lendemain matin, elle retrouve sa maman dans la cuisine. Lucia lui lance un regard complice, puis tourne la tête vers le hall d'entrée et lui fait signe d'y aller.

Elle s'y hâte, et là !

Une belle bicyclette rouge toute neuve ! Elle passe du rire

aux larmes tant elle est émue. Sa maman met un doigt sur ses lèvres pour lui faire signe de se calmer, afin de ne pas brusquer son père, qui dort encore.

Mais, comme par surprise, le voilà qui apparait derrière elle et de sa grosse voix, dit :

Lucia, il faudra apprendre à notre Adélia à tenir sur sa bicyclette.

Plus tard dans la matinée, la neige ayant fondu sur le parking, Lucia donne à Adélia sa première leçon de conduite.

2 décembre 2013 - Juan-les-Pins - vers 18 h.

Je me souviens de ce moment, comme si c'était hier, leur dit Adélia et elle continue:

Je l'entends encore criant :

« Pédale Adélia ! Garde le guidon droit, ne te retourne pas, regarde bien devant toi ! »

Je sens encore la chaleur de son souffle dans le creux de mon cou, sa main gauche sur mes hanches, la droite sur la mienne, posée sur le guidon quand elle accélérait le pas pour m'aider à prendre un peu d'élan.

Et pour ne pas que je chute, elle m'enveloppait de la chaleur de ses bras.

Steve dit d'une voix triste :

Je comprends le cœur, sur le tableau, c'est pour dire que votre maman vous aime, mais pourquoi ton papa te punit toujours pour rien ?

Regarde le tableau, lui dit Adélia en portant son regard sur Samy et Anthony, assis à ses côtés.

Tu vois, Steve, les traits qui joignent chaque élément s'appellent les règles, et si chaque chose ne tient pas compte des autres, alors toutes perdent leur place, c'est pour cela que mon papa me punissait, je ne devais pas souvent suivre ses règles.

Tous se mettent à rire. Les enfants imaginent bien leur maman « hors des clous ».

Pour Adélia, ce souvenir de son enfance lui rappelle la

tendresse de sa mère, toutes les fois où son absence se fait trop grande.

Anthony, s'exclame :

Toi, tu as un vélo tout neuf, et ton père, il n'a pas de voiture ?

Si, c'est aussi cette année-là que mon père a acheté sa première voiture.

Elle est où, dans le tableau ?

On ne la voit pas, car les eaux tombées en cascade en fond de toile doivent la recouvrir. Les plus belles choses ne sont pas forcément les meilleures, lui répond Adélia.

Raconte !

C'est les larmes aux yeux qu'elle s'efforce d'aller au bout de cette requête.

Si vous regardez bien, il y a cinq billes de verre lumineuses sur cette toile, c'était nous cinq.

Puis il y a un amas de couleur sombre dans le centre du tableau, en bas à droite du cœur, c'est l'abandon.

Et là, la masse collée au centre de la toile, ce sont les sentiments que chacun garde au fond de son cœur pour toujours.

Car l'absence d'un être aimé prend toujours toute la place.

Steve reprend : *Le cœur, bien sûr, c'est ta maman ?*

Anthony insiste : *Raconte maman, l'histoire de la voiture de papi Manuel.*

Juan-les-Pins - suite.

Voilà, les enfants, ce n'est pas facile à raconter, mais vous devez savoir comment ma maman est partie au ciel, car c'est certainement les circonstances de son départ qui ont fait de moi la personne sensible que je suis.

Et aussi car, par et malgré moi, je vous ai forcèment transmis mes craintes de l'abandon. Nous sommes en juin 1974 et c'est notre second départ pour les vacances au Portugal.

Juin 1974, en Espagne

Il fait encore sombre à travers la fenêtre de sa chambre, quand un chant d'oiseau, émis par Manuel (comme il aime le faire) sort la famille du sommeil. Il n'est que quatre heures du matin, et déjà, les voilà installés dans la voiture neuve.

La famille va être drôlement étonnée de les voir arriver dans leur si jolie voiture...

Manuel est si fier d'avoir réussi. A force d'économies, il a pu s'offrir cette magnifique Opel record gris métallisé, qui brille plus que les étoiles dans le ciel, tant lui et Manu ne font que la lustrer. Justin en a les yeux qui pétillent.

La passion pour l'automobile est égale pour les trois hommes de la famille, qui la reluquent comme s'il s'agissait d'une belle femme.

Après avoir parcouru la France, ils traversent l'Espagne. Ce parcours est dangereux, autant par ses routes en très mauvais état que par les gens que l'on y croise. Chaque fois que l'un de parents quitte la voiture l'autre veille sur sa famille, les portes verrouillées.

Un soir, alors qu'ils sont arrêtés sur une aire d'autoroute, Manuel part aux toilettes. Tous, fatigués par la chaleur, somnolent en l'attendant.

Manuel revient d'un pas pressé, quand Lucia lui crie :

Vite, Manuel, vite, monte et démarre ! Vite !

Il démarre en trombe et le bruit des pneus crissant sur la chaussée finit par réveiller les enfants. En regardant par la vitre arrière, ils aperçoivent plusieurs hommes qui courent vers eux, ce qui leur cause une très grande frayeur. C'était comme dans un film de voyous.

Chacun retrouve son calme et Manuel roule paisiblement pour bien entendre le son de son moteur. Il est si fier de conduire sa belle voiture ! Le silence est total dans l'habitacle, dehors, le ciel s'illumine de mille et une étoiles étincelant le bleu de la nuit, qu'Adélia admire, éblouie par cette orgie de beauté.

Manuel concentré sur son volant, Lucia, assise à l'avant, Adélia posée sur ses genoux doit se tenir tranquille. Lucia lui masse le ventre tout le long du voyage pour ne pas qu'elle vomisse. Quand c'est nécessaire, Manuel s'arrête sur le bord de la route et avec Lucia, Adélia vide son estomac sur l'herbe.

Sur les sièges arrière, Manu, Maria et Justin dorment.
Manuel fait très attention aux nombreux gros camions qui les doublent sans arrêt sur des routes sinueuses. Il peste et râle.

L'ACCIDENT : MAMAN S'ENVOLE.

Soudain, un énorme boum les arrache à leur quiétude.

Le pneu avant droit explose sur un tesson de bouteille, et voilà Manuel qui perd le contrôle de la voiture. C'est l'accident…

Les voilà partis dans le décor. La voiture tourne sur elle-même et quelques dizaines de mètres plus loin, s'arrête dans un fossé. Elle vient de faire plusieurs tonneaux.

En dehors du bruit sourd qui s'en dégage, Adélia ne se souvient de rien, sauf que tous ont été éjectés du véhicule par les fenêtres. Tous, sauf Manu, endormi à l'arrière. Il a très certainement été protégé par Dieu.

Manu, après s'être extrait seul de ce qui reste de cette carcasse, se jete sur elle comme pour pleurer, et là, miracle !

Manuel, coincé dessous, les yeux fermés, les rouvre, rampe jusqu'à Maria, piégée à ses côtés, et la libère de cet énorme tas de tôle.

Lucia et Adélia sont elles aussi éjectées par le pare-brise. Elles roulent l'une auprès de l'autre, jusqu'à ce qu'Adélia, effrayée par une énorme chose venue du ciel dans sa direction, hurle de tous ses poumons : *« Maman ! ».*

Lucia, pour protéger sa fille, la couvre alors de tout son corps.

Manuel, après avoir dégagé Maria, et bien que très gravement blessé à la tête, contourne la voiture en hurlant :

Lucia, Lucia !

Quand soudain, il aperçoit Lucia, blessée, couchée au sol.

Il rampe jusqu'à elle pour prendre Lucia dans ses bras et constater avec stupeur que sous sa femme se tient Adélia, tremblante de terreur. Il retire Adélia des bras de sa maman pour, à son tour prendre sa femme contre lui jusqu'à l'arrivée des ambulances.

À l'arrivée des secours, suite à ses blessures physiques et traumatiques, le coma emporte Manuel.

Aux côtés d'Adélia, Lucia, dans les bras de Manuel, a l'air de dormir. Manu, Justin et Adélia n'ont pas de blessures apparentes. Pourtant, aujourd'hui, Adélia en porte encore de nombreuses petites cicatrices sur les coudes et les genoux.

C'est comme irréel. Gisant au fond de ce ravin, dans la pénombre de la nuit, ils sont tous groggys, regardant la voiture, sur le toit, ses 4 roues continuant de tourner dans le vide.

Qu'elle est moche et méchante cette voiture ! Au loin retentissent les sirènes des ambulances. Les couleurs de leurs feux les éclairent enfin.

Tous sont transportés dans un hôpital espagnol, proche du lieu de l'accident.

Manuel est dans le coma, avec une vilaine blessure à la tête et Maria, gravement blessée.

Manuel, Adélia et Justin sont indemnes.

Ce n'est que quelques jours plus tard que Manuel apprend que sa femme Lucia les a quittés lors du transport dans l'ambulance, et que c'est la batterie de la voiture, projetée lors de l'accident, qui en est la cause…

L'état général de Maria est aussi des plus préoccupants. Elle est placée en soins intensifs et sa vie ne tient qu'à un fil. Mais de toutes les façons, ils doivent rester tous deux à l'hôpital durant plusieurs mois.

Il apprend également que mamie Rosa a récupéré ses trois autres enfants.

Depuis ce jour, le manteau de neige couvre le cœur d'Adélia, comme pour la protéger.

Mamie Rosa, prévenue, accourt depuis le Portugal. Après avoir accompli plusieurs démarches administratives, elle emmène chez elle ses petits-enfants, et prend bien soin d'eux. C'est dans un taxi qu'ils sont installés pour rejoindre le Portugal. Leur véhicule en suit un autre : une voiture noire qui, elle, transporte leur mère…

Assis à l'arrière, le cœur gros, les trois enfants sont si tristes d'être séparés de leur sœur, de leur papa et de leur maman. Enlacés pour ne faire qu'un, ils retiennent leur souffle, comme pour croire qu'ils vont se réveiller et que cela n'est que cauchemar. À leurs yeux, ruissèlent des larmes. Ils sont épuisés par cette journée d'horreur et un ange les emporte enfin dans leurs songes.

Rosa a perdu sa fille de 29 ans et ne sait comment aimer ses enfants, tant elle lui manque. Elle les garde auprès d'elle et les protège, maintenant que sa fille est partie au ciel.

Les gens disent des vilaines choses autour des enfants, en pensant qu'ils sont bien trop jeunes pour comprendre. Adélia préfère ne pas entendre. Elle pense que sa maman reviendra bientôt.

Au Portugal, un quotidien a titré en manchette :

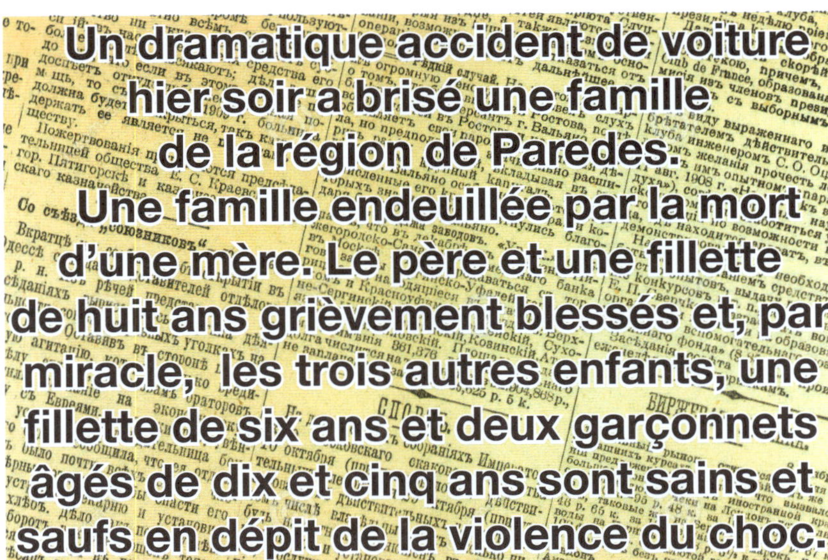

Adélia ne comprend pas. Assise sur les genoux de sa maman, elle aurait dû la protéger.

LA DOUCEUR AMBIANTE D'UNE MÈRE

Juin - 1974 - Maman s'envole.

Et comme si cela ne suffait pas, les adultes doivent le leur montrer pour que leur cœur l'accepte.

2 décembre -2013- Juan-les-Pins - vers 18h15.

Anthony : Qu'est-ce qu'ils vous ont montré ?

-Aguiar de Sousa- Le lendemain matin.

Alors qu'ils sont tous endormis dans la même chambre, leur tante Eva, sœur de leur maman et aussi marraine d'Adélia, les réveille brusquement :

Dépêchez-vous, leur dit-elle*, il faut préparer la chambre, ils arrivent…*

Les enfants ne comprennent rien. Car Eva, qui, d'habitude est la plus gentille des marraines, leur apporte aujourd'hui des vêtements noirs et dit d'une grosse voix à Manu :

Aide ton frère et ta sœur à s'habiller ! Alors que Manu s'exécute, Adélia refuse de porter cette vilaine robe que lui tend son frère et se réfugie dans le jardin, espérant qu'on l'oublie.

Le ciel devient gris, inhabituel pour un mois de juin.

Plus tard, mamie Rosa appelle les enfants et les emmène dans la cuisine, où tout le monde est triste. Adélia comprend alors pourquoi le ciel pleure. Elle aussi, ses yeux pleurent. Puis, on les confie pour la nuit à une autre tante dans la maison voisine. C'est avec beaucoup de tristesse qu'ils y sont allés.

Le lendemain matin, à peine Adélia entend-elle le chant du coq, qu'elle prend ses jambes à son cou et rejoint mamie Rosa. Elle ouvre la porte, rentre dans la maison et monte discrètement les escaliers pour surtout ne réveiller personne.

Doucement, comme avec des gants de velours, elle pousse la porte de sa chambre et là, surprise !

Une grosse boîte posée sur une table, et toute la famille qui pleure autour. Papi lui demande alors de s'agenouiller pour prier. Manu l'a rejointe et lui aussi se met à prier.

Adélia pense que c'est comme à l'église, le dimanche matin.

Après avoir prié, elle s'éclipse et se glisse dans les draps du lit de papi et mamie, dans la chambre voisine, où elle s'endort.

À son réveil, la maison est si calme qu'Adélia a eut peur d'être abandonnée.

En sortant de la chambre : ouf ! Manu est là.

Il se tient sur la pointe des pieds, le visage collé à la porte cochère. Il donne l'impression de tenter de regarder par un trou vers l'extérieur et on l'entend dire :

Laissez-moi venir avec elle. Encore, encore et encore...

La famille, par protection, a pensé que les enfants étaient trop jeunes pour participer à l'enterrement.

Adélia va dans la cuisine et constate que la table est dressée seulement pour Manu et elle ; il n'a pas l'air d'avoir faim, alors elle mange plein de biscuits avant de le rejoindre avec, pour lui, une énorme part de gâteau.

Manu, toujours sur la pointe des pieds à regarder à l'extérieur par un minuscule trou, tourne son visage vers elle. Il lui fait si peur que ses bras lui tombent et voilà le gâteau à terre. Son visage est si défait, lui qui d'habitude ne dégage que douceur. Là, ses traits sont si tirés qu'il n'a pas besoin de parler pour qu'elle comprenne qu'il est très en colère.

Il lui prend la main, la fait asseoir à ses côtés sur les

marches et, de ses deux mains, l'enveloppe en lui disant :

Moi, je serai toujours là pour toi, Adélia.

Moi aussi, lui répond-elle, en restant là, immobile, sans vraiment comprendre...

Je ne leur pardonnerai jamais, lui dit-il, des larmes dans les yeux.

Ils restent assis des heures sur ces marches froides, sous la pluie qui continue à tomber.

Il ne bouge pas, lui tient toujours la main; elle n'ose se lever, malgré son mal aux fesses qui se fait sentir, pour ne pas le déranger; il reste muet, les yeux dans le vide. Adélia pense qu'il est malade.

De longues heures plus tard, de nombreuses voix se dirigent vers la maison.

Manu lui lâche brutalement les mains, se lève et se met à hurler :

Pourquoi, Pourquoi ? En regardant parrain (le mari de marraine) passer la porte.

Parrain le prend dans ses bras. Adélia pense qu'elle l'aurait bien pris aussi, mais il était trop lourd.

Les larmes inondent parrain et Manu. Adélia pense un instant qu'ils sont tous les deux malades. Avec toute cette pluie, marraine leur avait bien dit de se couvrir !

Plus tard, tous autour d'un bon repas, personne ne touche ses couverts et donc Adélia non plus. Elle n'ose pas manger. Pour la première fois, elle voit sa famille entière ne pas aimer son repas.

Puis vient l'heure de la prière du soir par mamie :

Merci mon dieu pour le bonheur de l'avoir comptée parmi nous, toutes ces petites années.

Merci de nous avoir laissé nos quatre petits-enfants,

Manu, Maria, Adélia et Justin.

Pour son amour, nous nous engageons à prendre soin de ses enfants durant toute notre vie.

Manu ne dit mot et son visage est si triste... Justin, lui, durant tout le repas joue avec une mie de pain si dure qu'il n'a pas réussi à la ramollir malgré sa persévérance. Personne ne fait attention à ce bébé, qui voudrait, d'après Adélia, croquer son quignon de pain. Manu regarde Adélia et lui dit : *Maman a été enterrée aujourd'hui et ils n'ont même pas attendu papa et Maria.*

UNE BELLE ÂME

Parrain le reprend : *Elle est auprès de son père dans le tombeau familial. Elle ne pourrait pas être mieux. Nous l'aimons, prions pour son salut.*

Leur protection de frères fut en un instant inaltérable, et, depuis, chaque jour qui passe fait grandir leur amour. Leur force sera celle d'être frères, toujours là les uns pour les autres quand la vie les dépasse.

Cet élan de couleur fondu vers le ciel dans Ses tableaux parait indispensable pour adoucir ses toiles.

CHAPITRE 3

2 décembre - 2013 - Juan-les-Pins - vers 18h30.

Steve demande à sa mère : *Comment avez-vous réussi à ne plus souffrir ?*

Samy : *Ils ne peuvent pas ne plus souffrir, comment peut-on comprendre que Dieu puisse faire cela ?*

Anthony *: Lorsque cela arrive, on n'a pas d'autre choix que de vivre avec la peine.*

Adélia leur répond : *Chacun puise sa force où il peut. Moi, pendant une longue année, je l'ai attendue jour et nuit. Puis il m'a fallu admettre qu'elle ne reviendrait plus, et pour en être sûre j'ai demandé à Dieu...*

Steve lui demande alors : Comment lui as-tu demandé ?

Adélia : *Un dimanche matin, à Aguiar de Sousa, dans l'église où ma mère allait prier chaque semaine j'ai demandé au ciel...*

- 1975 - Un seul nuage, maman n'y serait plus.

Ce dimanche matin, un ciel gris et plombé ne permet à aucun rayon du soleil de transpercer le jour, lorsque Adélia entre dans l'église, déserte à cette heure. Après avoir fait le signe de croix et la génuflexion face à l'autel, elle s'avance et allume une bougie qu'elle pose aux côtés des nombreuses autres. Elle s'agenouille sur un prie-Dieu et prie pour que sa maman lui parle.

Dis-moi, maman ? demande-t-elle au ciel, *c'est vrai que tu ne reviendras plus parmi nous, est-ce bien vrai ? Réponds-moi par un signe, s'il te plaît.*

Puis elle s'assied sur un banc et prie encore. En pensant que, si la route entre le ciel et chez elle est longue, sa maman mettra du temps à revenir, surtout si elle est fatiguée, aussi, elle ne doit pas s'impatienter.

C'est alors qu'un curé vient s'asseoir à ses côtés et lui demande :

- Je te vois prier avec ferveur, mon enfant, pour qui pries-tu ?

Émue aux larmes, elle lui répond :

Je prie pour que maman revienne nous retrouver, ma sœur, mes frères, mon papa et moi.

Elle est partie où, ta maman ? lui demande le prêtre.

Au ciel, lui répond-elle.

Écoute-moi bien petite. Si le Bon Dieu a rappelé ta maman auprès de lui, c'est parce qu'il sait que tout l'amour qu'elle vous a donné vous permettra de combattre et de vous construire tout au long de votre vie. Pour qu'elle soit en paix dans sa nouvelle vie là-haut, là d'où elle vous regarde à chaque instant, pour vous guider, par la force de son amour. Tu devras rendre hommage à tout ce qu'elle t'a enseigné durant sa courte vie, et alors elle sera très fière de toi.

Quand elle sort de l'église, une colombe est là, picorant devant cette énorme porte. Elle ne craint même pas qu'Adélia l'écrase. Adélia a compris et a remercié Dieu pour avoir laissé sa maman lui envoyer ce message. Sa peine devient maintenant sa raison de vivre. Elle sera plus forte sans peur, comme cette colombe.

2 Décembre - 2013 - Juan-les-Pins - vers 19 h.

Adélia pointe du doigt une toile et dit à ses enfants :

Regardez cette toile. C'est une plaie à peine cicatrisée, qui vogue sur les eaux...Comme un secret qu'il ne faut pas toucher. Quelquefois, il vaut mieux garder des souffrances, comme un secret, chaque blessure doit prendre le temps de cicatriser.

Depuis, les enfants, je veux que tous mes actes puissent la rendre heureuse ; je me dois de faire tout ce qu'elle m'aurait dit ou conseillé par le passé ; j'ai fait le serment que chaque jour sera vécu comme s'il était le dernier et que, de toute façon, si la mort survient trop tôt, elle me permettra de la retrouver. Vous voyez, les enfants, la mort peut aussi ouvrir des portes.

Steve lui demande alors :

Vous avez laissé papi Manuel et tata Maria tout seuls ?

Adélia lui répond :

Oui, parce qu'à l'hôpital, lorsque tu n'es pas malade, on ne te garde pas. Mais on les attendait avec impatience.

UNE PLAIE OUVERTE

UNE PLUME D’OISEAU POUR LUI FAIRE SIGNE

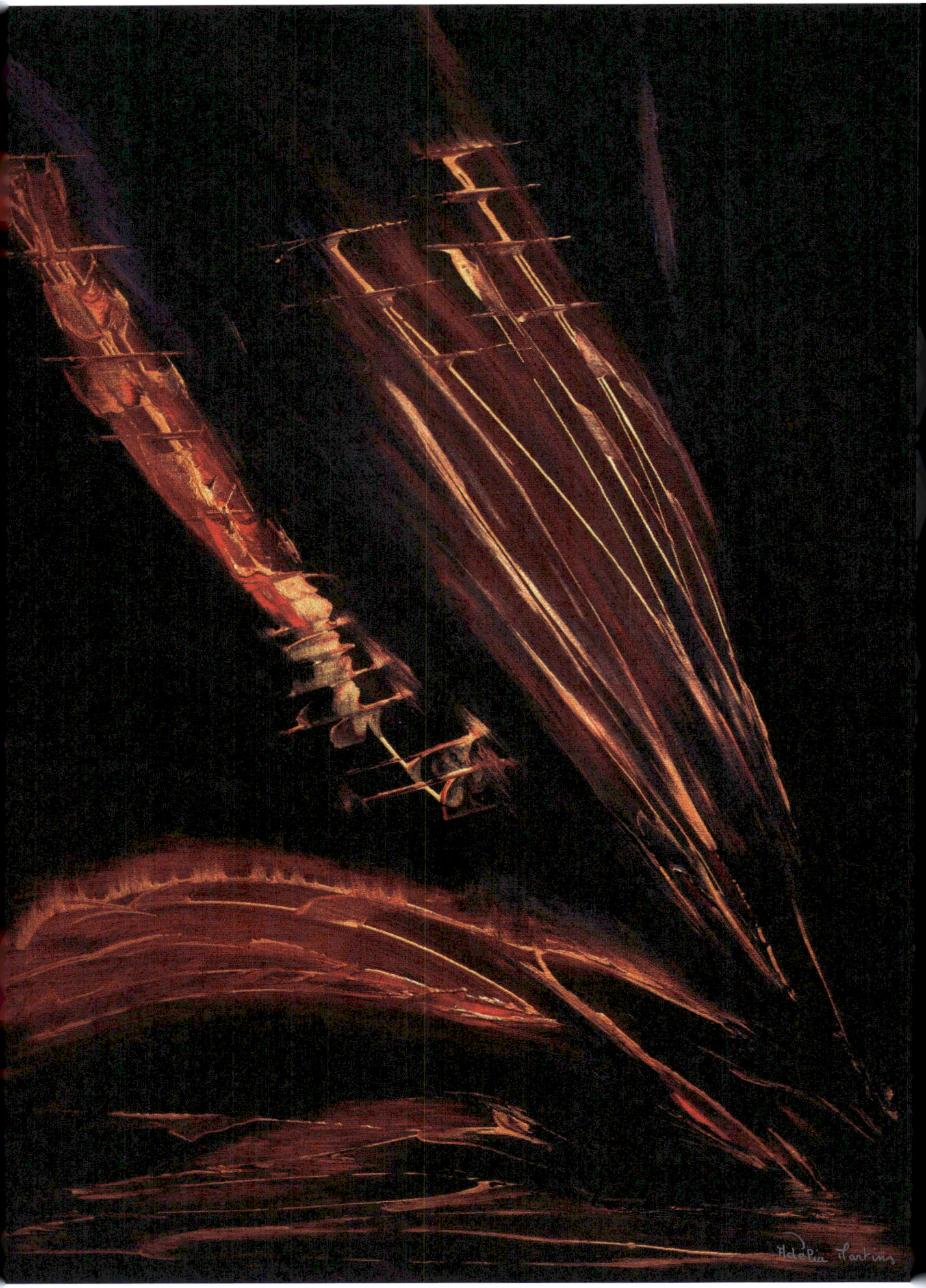

Manu ne joue plus avec Adélia et c'est un masque de tristesse qui a remplacé celui de l'insouciance des enfants qu'ils sont. Le noir est la couleur du deuil et, au Portugal, même les enfants doivent le porter. Adélia n'y fait plus attention puisque tous sont tristes comme leurs âmes.

Marraine et parrain vivent à la maison pour aider mamie Rosa à les garder, car tous les jours, elle va voir sa fille au cimetière. Â son retour, voyant pleurer sa mamie, Adélia se dit que cet endroit doit être très méchant pour faire tant de peine à sa grand-mère. La pauvre, elle qui n'a jamais fait de mal à personne.

Adélia pense tous les jours à sa maman. Elle ne sait plus très bien où elle est partie, l'admettre lui fait trop mal. Un soir, alors que toute la famille est réunie, leurs propos portent sur les enfants. Ils comprennent qu'il est question de leur placement chez les uns et les autres. Ils disent qu'un homme qui n'a pas su protéger sa femme est incapable de protéger et d'élever dignement ses enfants.

Si Adélia ne comprend rien à tout ça, Manu, lui, n'en perd pas une miette.

Parrain rétorque :

En France, il y a des salaires beaucoup plus élevés qu'ici, des aides sociales, une sécurité sociale. Manuel saura s'en sortir seul et élever ses enfants comme il le souhaite.

Toi, avec tout l'argent du monde, tu serais capable, tout en travaillant, de t'occuper de tes enfants ? reprend mamie.
Parrain répond :

Moi non, c'est ma femme qui s'occupe des enfants, je n'ai pas le temps, je travaille. Tu vois, tu travailles. Alors il faut une femme à la maison pour s'occuper des gosses, et comme Lucia n'est plus, qui les protègera, les soignera, les conseillera ? Manuel n'a pas d'autre choix que de travailler, alors ils resteront ici et seront élevés, nourris, soignés et éduqués comme il le faut !

Les femmes ayant toujours le dernier mot, notre oncle se tait. Manu, bien que pas invité à la discussion, s'en mêle :

Vous n'avez pas le droit de nous séparer ! Nous voulons rester ensemble tous les quatre ! Je suis grand maintenant. J'aiderai papa, nous ne manquerons de rien, nous irons à l'école et nous apprendrons tous un métier. C'est ce que maman voudrait si elle était encore là avec nous. Vous n'avez pas le droit de la contrarier !

Devant cette sortie intempestive, les adultes regardent Manu avec stupeur et admiration, mais se débarrassent du problème en disant qu'ils en rediscuteront plus tard. Manu les dévisage avec suspicion. Il n'est pas dupe. Il a compris que la famille de leur mère a décidé de ne pas les laisser rejoindre leur papa.

Une nuit, alors qu'Adélia pleure silencieusement dans son lit, éprouvée par l'absence de Maria, Manu qui ne dort pas, lui dit :

Ne t'inquiète pas, dès que Maria sera guérie, papa viendra nous chercher. Mais ne dis rien à personne, c'est un secret entre nous.

T'es vraiment sûr ? lui demande-t-elle.

Bien sûr, il me l'a promis lorsque nous étions à l'hôpital, lui dit Manu.

Mais enfin, quand viendra-t-il nous chercher ?

Bientôt, Adélia, bientôt, tu dois être patiente, c'est tout.

Après cet échange, chaque soir, dès le crépuscule, Manu va à la fenêtre de leur chambre et regarde dehors, comme s'il attendait quelque chose ou quelqu'un.

La suite lui donna raison. Un soir, alors qu'ils sont couchés dans leur chambre, un chant d'oiseau venu de l'extérieur les alerte.

C'est leur père !

Manu, Manu, Manu... Presque chuchoté.

Manu saute alors de son lit et ouvre la fenêtre qui donne sur le jardin. Justin et Adélia le rejoignent.

Quel bonheur lorsqu'en bas, dans la pénombre, ils reconnaissent leur père et Maria, qui lèvent la tête vers eux. Manuel a son index sur la bouche, signe de silence. À voix feutrée, il demande ensuite à Manu où se trouve l'échelle. Manu lui fait un signe de la main pour la lui indiquer et papa l'adosse alors au mur sous la fenêtre.

Manuel dit à son grand fils :
Manu, aide tes frères à enjamber la fenêtre.

Adélia manque un barreau de l'échelle et la voilà dans les airs.
Par miracle, Manuel l'attrape dans ses bras. Ensuite, c'est au tour de Justin qui, lui, ne glisse pas. Manu est le dernier à les rejoindre.
Leur père les félicite et leur dit combien il est fier d'eux.
En un instant, les voilà tous assis dans le taxi dont le moteur ronronne déjà. Une seconde plus tard, malgré toute leur attention de maintenir le silence, une fenêtre s'ouvre et mamie hurle, d'une voix rendue tremblante par l'émotion et la colère :

Rends-les-nous, Manuel ! Ne nous prend pas les enfants de Lucia! !

Manuel lui répond de tous ses poumons :

Non ! Ce sont aussi mes enfants. Ils vivront avec leur père !

Marraine prend alors sa maman dans ses bras, avec l'air de vouloir la calmer, tout en leur faisant un signe d'adieu de la main droite.

Bonne route, les enfants, leur dit-t-elle. Manuel explique aux enfants qu'ils repartent en France.

Le cœur d'Adélia bat très fort, même si les histoires des grandes personnes la dépassent. La peine de quitter leur grand-mère est grande, mais la joie de retrouver papa et Maria prime sur tout.

LA VIE EST UN LONG VOYAGE

2 décembre - 2013 - Juan-les-Pins - vers 19h30.

Samy, émue, lâche cette phrase à peine audible :
Une famille, c'est une union, c'est un équilibre, heureusement que votre papa est venu vous chercher.
Steve reprend : *Oui, mais vous avez dû avoir peur.*
Non ! rétorque Anthony, *puisque c'était leur papa.*
Adélia répond : *Quelquefois, tant les sentiments sont confondus, je ne sais plus.*

Juin - 1975 - Sur la route du retour en France.

C'est après de longues heures de route qu'Adélia constate que son papa a encore un gros bandage qui lui couvre les cheveux et qu'il a perdu plusieurs dents, ce qui laisse des trous dans son sourire. Maria a beaucoup maigri et a le visage très pâle. C'est sa grande sœur chérie, c'est son papa. Et ils forment une belle famille avec ses deux frères.
Le taxi passe la frontière entre le Portugal et l'Espagne au moment où Manuel dit au chauffeur :

Tournez ici à droite, et roulez tout droit jusqu'au garage, là-haut.

C'est là, que leur voiture Opel a été remorquée après l'accident.
Manuel descend du taxi avec Manu. Ils ne reviennent que de longues heures après, la mine défaite. La colère jaillit de leurs yeux.

Manuel dit à ses enfants, d'une voix tremblante :
Les enfants, ils nous ont tout volés : les vêtements de votre maman, même la croix de Jésus qui était accrochée au rétroviseur !

Les mots « bonheur », « chance », ne font plus partie de leur langage. On peut se demander où Manuel a puisé le courage et la force de les ramener chez eux, à Sainte-Geneviève-des-Bois. Mais une chose est sûre, ils sont tous revenus, juste pour rester ensemble, malgré l'énorme absence de Lucia...

Leur retour est rythmé par des visites d'assistantes sociales, soucieuses de les retirer à leur père pour les placer dans une famille d'accueil, convaincues qu'un homme seul ne peut faire face à l'éducation de quatre enfants.

UN ANGE DANS LE CIEL

L'absence d'une mère, laisse place à un équilibre trop fragile

2 décembre - 2013 - Juan-les-Pins-vers 20 h.

Anthony : *Comment papi a fait pour travailler, avec ses blessures à la tête, lorsque vous êtes revenus du Portugal ?*

Steve et Samy sont l'un contre l'autre sous un plaid, allongés sur le canapé. Les yeux ébahis, ils fixent leur frère du regard, comme pour dire : « n'insiste pas ».

Ce n'est pas grave, leur dit Adélia*, je suis contente qu'aujourd'hui, nous puissions parler de tout...*

- 1982 - Retour en France

Après l'accident, Manuel a perdu son emploi, mais en a déjà trouvé un autre dans une entreprise de nettoyage de locaux commerciaux, ce qui lui permet de garder ses enfants auprès de lui. Il prend son poste après que tous les employés sont partis, et le quitte le lendemain matin, avant que l'activité ne reprenne. La présence des enfants passe inaperçue.

Tous les quatre dorment sur une moquette, à même le sol, serrés les uns contre les autres. Son travail terminé, il les réveille en imitant des chants d'oiseaux.

C'est ainsi que Manuel échappe aux mailles des filets des assistantes sociales de la DDASS.

Pour plusieurs raisons, et évidement celle-ci, Manuel déménage et s'installe dans une autre ville, à Saint-Michel-sur-Orge. Un quartier non loin de là, mais où personne ne les connait.

Installés dans une grande maison, louée pas trop cher à Saint-Michel-sur-Orge, leur vie va complètement changer.

Plus de soutien d'amis qui avaient connu leur maman, et qui les écoutaient quand leur cœur débordait de peine, ou qui pouvaient calmer la colère quelquefois sans limite de leur père.

Quatre enfants à la merci d'un homme dont les valeurs d'éducation étaient inscrites à l'encre de chine, celles d'un Portugal difficile et d'une éducation rigide.

Les voilà tous les quatre dans une maison qui, bien que pas isolée des voisins, est isolée de la peine, comme si les voisins français n'entendaient pas les cris de terreur ou de douleur de l'enfant portugais.

Seuls avec leur père, à vivre dans une grande maison qu'il leur faut entretenir, en plus d'un potager à cultiver. Et comme si cela ne suffisait pas, Manuel loue, à proximité, un champ dont il attribue à chacun une parcelle à cultiver.

Les légumes sont ensuite revendus pour pouvoir faire rentrer un peu d'argent au foyer. Ils élèvent également des animaux : lapins, poules, avec, bien sûr, le fumier à traiter.

Par souci d'économies, il n'y a pas de radiateur, mais un petit poêle à bois, posé au centre de la cuisine, chauffe l'ensemble de la maison. Là aussi, cela demande du travail : il leur faut l'alimenter. La liste est trop longue…

Adélia a plus peur de la souffrance de ses frères et sœur que de la violence sur elle-même.

Elle est âgée de 13 ans et sa vie est faite de peines, de peurs et de larmes. L'ambiance à la maison dépend de l'humeur de Manuel. Leurs tâches étant si lourdes, chacun peut être la victime du jour. La peine peinte sur le visage de ses frères la traumatise et déclenche comme un volcan dans son cœur. Pour les défendre, elle n'hésite pas à se mettre en danger.

Chaque jour, elle tente de se mettre en scène, afin que la violence pratiquée par Manuel, sur eux, lui soit moins facile : peut-être un voisin les entendra-t-il et se sentira-t-il concerné ?

Tous les moyens sont bons pour que cela cesse. C 'est la peur au ventre que, chaque jour, ils trouvent le sommeil. Maria, elle, leur parait protégée. Juste parce que les travaux pénibles ne lui sont pas ordonnés. Mais elle non plus n'arrête pas. Aujourd'hui, les signes montrent que Maria en a souffert.

Manu doit enfiler le costume du dictateur durant l'absence de leur père, sous peine de représailles. Adélia tente par tous les moyens de faire que son père soit calme, en exécutant les différentes tâches qu'elle sait ne jamais pouvoir finir.

2 décembre - 2013 - Juan-les-Pins - vers 20h30.

Adélia continue son histoire, et les enfants, assis tous les trois sur le canapé de la salle à manger, ont l'air tétanisés. Cependant, la tension qui règne dans la pièce ne permet pas qu'elle puisse arrêter son récit, aussi triste soit-il.....

- 1982 - Saint-Michel-sur-Orge

Justin est son protégé, même si elle tente de protéger tout le monde.

Maria est la maman de tous, elle leur prête son épaule jour et nuit, elle est la plus studieuse et, la nuit, sa petite lampe fuse dans l'obscurité de leur chambre lorsqu'elle tente de faire tout de même ses devoirs scolaires, que ses frères et sa sœur ont totalement abandonnés.

Pourtant, leur père a aussi beaucoup de bons côtés. Mais lui aussi est dépassé par sa vie et son travail.

Il aime les faire voyager, leur faire découvrir des cathédrales, les emmènent à la mer à Deauville. Quand il peut, il les invitent au restaurant et sait même les faire rire.

Et pourtant, dans d'autres moments...

Finalement, cette maison est aménagée comme la vie passée de Manuel. C'est-à-dire à l'image de celle qu'il a mené, enfant, au Portugal.

Il leur offre les mêmes valeurs d'éducation. Celles qu'il a reçues de ses parents, pour qui le temps avait une valeur travail. Sauf qu'en France, l'école est importante et occupe la majeure partie de la journée, ensuite seulement, comme au Portugal, ils doivent accomplir d'énormes tâches.

Les tâches ménagères, la préparation des repas, le jardinage, la couture, le repassage...

Les plus grands, eux, doivent travailler à l'extérieur afin d'apporter de l'argent à la maison.

N'ayant plus d'amis portugais, ils ne reçoivent plus personne, ce qui les isole encore davantage.

Manuel leur inculque aussi les mêmes valeurs vestimentaires, ce qui leur empêche une bonne intégration à l'école.

2 décembre - 2013 - Juan-les-Pins.

Samy : *Comment papi pouvait-il être si sévère avec vous, alors qu'aujourd'hui il est si gentil avec nous ?*
Adélia lui répond : *Il était seulement mal adapté à la France. Il pensait certainement que, si nous travaillions beaucoup, plus tard, nous ne manquerions de rien.*
Malgré toute sa bonne intention, notre éducation laissait à désirer.
Notre père, lui aussi, pleurait souvent, mais en silence. Je me souviens d'un accident très grave, dont Justin fut victime à l'âge de 10 ans. Les médecins disaient que ses brulures au 3ème degré ne lui permettraient pas de retrouver l'usage de ses jambes. Papi Manuel, durant des semaines, le soigna jour et nuit et aujourd'hui il va bien.
Oui ! Il nous a toujours aimés, même s'il nous à fait endosser des rôles d'adultes, peut-être comme lui avait endossé un rôle de père-mère qu'il savait ne pas assumer, car cela est impossible pour un être seul.
Samy : *Comment as-tu fait, alors, pour avoir tous ces diplômes ?*
Il m'a fallu beaucoup de courage et dépasser mes peurs. lui répond sa mère.

TU ES UN AGNEAU DANS UN MONDE DE LOUPS.
IL TE FAUT ÊTRE HABILE. OUVRIR LES YEUX, N'EST
JAMAIS TROP TARD.

- 1983 -Saint-Michel-sur-Orge

Adélia a conscience des souffrances de chacun, mais sa déscolarisation la hante…

Stop ! Trop c'est trop !

Ras-le-bol de tout cela. Ça va changer, il ne lui manque que le courage.

Un matin, avant de partir pour l'école, Justin et elle attrapent des souris mortes et, pour punir leurs voisins sourds à leurs cris de souffrance, les glissent dans leurs boites aux lettres.

Cet acte, apparemment anodin, développe chez Adélia une phobie.

Elle met sur pied une stratégie afin d'alerter les services de la DDASS.

Elle rencontre une assistante sociale de quartier. Face à ses déclarations, une enquête familiale décide un placement immédiat, pour Justin et elle. Pour Maria et Manu, c'est déjà trop tard : leur scolarité est trop avancée.
L'assistante sociale fait un travail remarquable et permet à ces enfants de retrouver une dignité.

Même pour Manu et Maria, puisque après cela, un suivi familial est maintenu jusqu'à leur majorité. Manuel est surveillé et aidé.
Pour chacun d'eux, le ciel s'éclaircit et, enfin, ils peuvent colorer leur vie, comme certainement Lucia l'aurait peinte. Avec nuances, douceurs, estime et surtout, toujours dans le partage.

Manuel est désemparé et furieux qu'Adélia fasse le choix de quitter leur famille.
Il ne peut pas comprendre. Il ne fait que leur donner les meilleures valeurs d'éducation qu'il a reçues lui-même.

2 décembre - Juan-les-Pins - vers 20h45

Adélia descend à l'atelier, y déplace plusieurs toiles entassées çà et là, choisit l'une d'entre elles et revient à la maison, où les enfants sont toujours affalés sur le canapé, face à sa table de travail. Elle se pose face à eux et leur tend brusquement une très grande toile !

Voilà La Fleur du Paradis*, ce tableau reflète ces passages de ma vie.*

Samy, les larmes dans les yeux, tente de lâcher un mot, mais impossible.

Anthony, lui, plus rebelle, crie : *C'est trop triste, maman !*

Comment papi pouvait vous faire ça, sans penser faire mal ?

Adélia lui dit : *Si, bien sûr, il n'avait jamais rien connu de différent dans son enfance.*

Steve, lui, restait immobile, comme scotché à son frère et à sa sœur.

Adélia poursuit ...*Vous voyez le tableau, ici ? Les mouvements de couteaux sont francs, pourtant, malgré la perfection des jonctions, ils respectent autant la puissance de l'orange que la douceur du gris.*

- 1983 - Saint-Michel-sur-Orge

Manuel ne pense pas faire mal. Il a juste peur de ne pas en faire assez pour qu'ils soient prêts à affronter l'avenir. C'est la raison pour laquelle la valeur travail est pour lui essentielle, puisque l'école, au Portugal, n'était pas obligatoire. Il ne faut pas oublier que, dans sa région, le travail qui domine est essentiellement agricole.

LA FLEUR DU PARADIS

2 décembre - 2013 - Juan-les-Pins - vers 21h30.

Et où es-tu partie , alors ? continue Samy.
C'est dans une école privée des Sœurs de Saint-Vincent de-Paul, à Versailles, que j'ai poursuivi mes études.
Sa mission de mettre sa famille à l'abri étant réussie, Adélia se doit de rattraper le temps perdu.

- 1983-1986 - Son éducatrice la place dans une école sur mesure.

Pour intégrer Adélia dans cette belle école de Versailles, Marie-Hélène, son éducatrice doit être très convaincante auprès des sœurs, tant son niveau scolaire est bas.

Voici ses propos lors de son accueil :

Adélia est fragile, juste fragile, faites-lui un examen psychotechnique et vous serez impressionnées par ses capacités ; c'est juste un papillon à qui l'on n'a pas laissé pousser les ailes. Lorsqu'elle leur permettra de se déployer, elle nous impressionnera tous.

Sa première année est faite d'épreuves. Il lui faut travailler beaucoup plus que ses camarades pour rattraper leur niveau. À force de ténacité, Adélia prend confiance en elle, avant d'apprendre à faire confiance aux autres
Elle a trouvé la sécurité. C'est comme si cette école la prenait dans ses bras. Une fois les armes baissées, son caractère bien trempé, qui lui servait jusque là à se protéger, devient une force pour elle.

Elle garde l'analyse de chaque chose, sans en avoir la crainte. Ce qui la fait grandir vite dans tous les domaines. Autant humain que scolaire. Adélia devient un exemple de réussite pour cette école.

2 décembre - 2013 - Juan-les-Pins - vers 21h35.

Comme vous pouvez le constater, les enfants, si l'on se fixe un but et que l'on n'y déroge pas, on l'atteint forcément.

Alors qu'Adélia raconte à ses enfants son récit, pour trouver la force de continuer, elle s'empare d'une toile qu'elle pose sur la table de verre et, sans même y penser, peint d'une technique toute particulière.

Ce tableau prend une tournure assez surprenante ! L'interrogation sur le sujet se lit dans le regard des enfants. Bien que de nature très curieuse, tous les trois respectent le silence qui vibre dans cette pièce.

Ils remarquent juste qu'elle peint, cette fois, essentiellement à l'éponge.

Après un long silence, Adélia reprend :

Les éducatrices de l'école ont surtout su trouver les mots justes, ce qui fait que l'on se respectait. Je vous raconte...

Mon éducatrice me prend à part et me dit :

« Tu es une bonne enfant , Adelia. Ne laisse jamais personne te faire penser autrement. »

Avant de m'installer, ensuite, dans une chambre à draps douilléts, et de m'indiquer la porte de la sienne qui, disait-elle, reste grande ouverte pour moi, si nécessaire.

À partir de là, elle avait tout dit...

-1983 - L'école sur mesure - Versailles

Chaque week-end, Adélia retourne chez elle et est si heureuse de retrouver Manu, Maria et son papa, bien sûr. Sans oublier son petit Justin qui, d'ailleurs ne la quitte pas.

En pleine année scolaire, on installe une autre fille, « Sonia », dans sa chambre, elle en est ravie. Marie-Helene lui a expliqué ses problèmes familiaux et, d'un coup, les siens lui paraissent dérisoires.

Ces deux jeunes filles deviennent les meilleures amies du monde. L'une aide l'autre, l'une porte l'autre et, quand la peine est trop grande, elles rapprochent leurs lits et se bercent, en imaginant que ce sont leurs mamans qui le font.

Les semaines se suivent et se ressemblent, si bien que même Manuel devient compréhensif. Sonia est accueillie à la maison avec l'égard d'un père, ce qu'elle ne connaissait pas. Surtout, elle ne reste pas seule dans un foyer déserté le week-end. Car, contrairement à ses camarades, personne ne l'attend nulle part.

Durant cette année-là, leur maison de Saint-Michel-sur-Orge fut incendiée et à moitié détruite. Bien sûr, ils ont tout perdu matériellement. Mais quel bonheur de voir s'éteindre enfin cette vie, dans une demeure remplie de larmes.

LARMES DE JOIE

- 1983 - Saint-Michel-sur-Orge -

À son retour, Manuel, parti régler en urgence des papiers officiels au Portugal, a tout perdu.

Sa maison est à moitié dévastée par les flammes. Ses deux plus jeunes enfants, Justin et Adélia, sont placés dans un foyer de la DDASS. Maria, quant à elle, est hébergée par une voisine (et amie), pendant que Manu a trouvé refuge chez un ami.

À son arrivée dans son nouveau foyer, on tend à Adélia un paquet de vêtements à sa taille.On lui présente des enfants agités, parmi lesquels une fillette de son âge, portant le même prénom : « Adélia » !

Cela l'amuse, car cette jeune fille est exactement comme elle (tous les mêmes défauts…). D'ailleurs, ensemble, elles s'enfuient. Pas bien loin. En effet, quelques minutes plus tard, c'est en voiture de police que leur retour au foyer se fait. Depuis ce jour, Adélia n'a plus jamais rencontré d'autres filles portant son prénom.

Mais maintenant, au moins, elle sait que les prénoms ont une incidence sur la personnalité de chacun.

À une trentaine de kilomètres de là, Manuel loue ensuite un très bel appartement à Grigny, où l'hygiène est de mise. Manu et Maria ont le bonheur de ne plus avoir ces tâches impossibles à accomplir. Elles se sont toutes envolées, comme par enchantement.

La présence de Marie-Hélène rythme leurs journées. Sa bienveillance à l' égard d'Adélia, mais aussi à celui de sa famille, donne un sens à leur vie.

Elle apprend à vivre et, pour faire en sorte d'apaiser ses souffrances, porte un masque.

2 décembre - 2013 - Juan les Pins - vers 22 h.

Adélia :

Vous savez, les enfants, si cela se passait bien à l'école des sœurs, c'est surtout que je respectais leurs valeurs.

Steve :

Et tu es restée combien de temps, maman, dans cette école de sœurs ?

Adélia :

J'y ai séjourné trois ans et en suis sortie avec tous les éloges.

- 1984 - L'école sur mesure.

On dit alors d'elle qu'elle est jolie, sensible, séductrice, intelligente et dotée d'un certain style. Son fort tempérament fait qu'on lui colle également l'étiquette de garçon manqué. Tout ça fait qu'on oublie facilement, par contre, d'autres traits de son caractère : capricieuse, susceptible, impulsive…

Adélia donne l'impression de n'avoir jamais eu aucun souci. Ses nouvelles valeurs sont : respect et honneur.

Tout ceci n'a cependant pas été si simple à obtenir.

Pour l'élégance, elle s'inspire des acteurs du film du mardi soir (jour unique de télé à l'internat). Pendant que les autres élèves suivent l'histoire avec attention, elle, elle apprend à vivre, à s'exprimer, à bouger, à réfléchir et même à penser.

Sonia et Adélia ont trop de temps à rattraper. Chaque minute est vécue par les deux jeunes filles comme une journée entière dans leur espace-temps. Un mercredi après-midi, alors qu'elles sont attablées à la terrasse d'un café, un homme regarde Adélia avec insistance, avant de s'avancer vers elle et de lui tendre une carte de visite.

C'est ainsi qu'Adélia trouve un travail de mannequin et qu'elle peut enfin obtenir, comme ses camarades, de l'argent de poche.

Après être allée, avec son père, chez une voyante, elle s'improvise aussi cartomancienne. Manuel avait besoin de se rassurer sur l'avenir de sa fille. Il avait été servi :

Cette petite a les yeux qui brillent, la nuit, et elle a une âme blanche ! Elle ne manquera jamais d'argent. Côté cœur, elle sera comblée d'amour. Celui-ci sera, quelquefois, peut-être si intense que cela lui nuira, mais elle sera forte et juste.

Il comprend qu'il ne peut rien changer, elle a juste une âme blanche.

Elle ne manque pas de suivre ses prédictions et ses analyses, faites à partir de chaque dessin sur les cartes qu'elle a sélectionnées. Et, dès son retour à l'école, la voilà cartomancienne.

Pour adoucir ses nuits, elle rédige des poèmes, qu'elle ne tarde pas à vendre.

C'était comme si les grands murs de cette école l'enveloppaient et la protégeaient au lieu de l'enfermer. Comme si, passé la grande porte cochère, l'environnement lui devient hostile ; pourtant rien au monde ne peut lui retirer ce bonheur que représente le retour dans sa famille.

Les sœurs, les monitrices et même les professeurs la couvrent de toutes leurs attentions.

Le secret de cette belle école est : «Tout peut se dire lorsque l'on s'aime, seul le silence tue.»

2 décembre - 2013 - Juan-les-Pins - vers 22h30.

Adélia dit, toute excitée:

Levez-vous et regardez ce tableau que j'ai dessiné pendant que je vous racontais ma petite vie.

Les trois enfants se lèvent et, sans dire mot, se mettent face à la toile.

Quel nom vas-tu lui donner ? demande Steve.

« Le masque », lui répond Adélia.

Si on sait porter un masque, alors, on se protègera des étrangers. Mais surtout, n'oubliez jamais que votre cœur, lui, n'en porte pas. C'est pourquoi votre amour reste à jamais votre principale faiblesse.

LE MASQUE

CHAPITRE 4

MA VUE EN CADEAU

2 décembre - 2013 - Juan-les-Pins - vers 22h40.

Chacun des enfants se rassoit sur le canapé, déjà écrasé par leur stupeur.

Cette journée était chargée de secrets.
Steve demande alors à sa mère :

Maman, depuis quand portes-tu des lunettes ?

Adélia :
Eh bien là, les enfants, vous allez voir à quel point le monde peut être gentil. L'amour rend aveugle, et peut aussi faire recouvrer la vue. Vous allez enfin comprendre, pourquoi, pour moi, aider les autres est essentiel. Un jour, c'est moi qui ai été vulnérable.

- 1984 - L'école sur mesure.

Voilà maintenant sept jours qu'Adélia est arrivée à l'école des sœurs.
Alors que la maîtresse lit le passage d'un livre d'histoire et qu'Adélia et Sonia parlent de choses sans intérêt, l'institutrice crie :

Adélia ! Silence !
Mais, maîtresse, je ne vois pas le tableau, lui répond Adélia, sans même réfléchir.

Toute la classe éclate si fort de rire que la sœur Principale accourt et demande à Adélia de la suivre dans son bureau. Après lui avoir demandé de s'asseoir, elle sort et referme la porte derrière elle.

Les minutes défilent. Seule dans cette pièce peu accueillante, Adélia commence à s'inquiéter du sort qui va lui être réservé, quand une éducatrice entre, lui demandant de la suivre.

Les voilà chez « le docteur des yeux ». Adélia apprend alors qu'on le nomme aussi l'ophtalmologiste.

Quelques instants plus tard, son diagnostic est sans appel : 6/10e à l'œil gauche et 1/20e à l'œil droit, sa vision est des plus faibles et doit certainement lui infliger des maux de tête importants, le port de lunettes devient impératif.

L'éducatrice suggère à Adélia d'en parler à son père, mais bon, elle sait qu'il ne comprendra pas. Malgré tout, l'attention qu'on lui porte lui réchauffe le cœur, même si l'annonce du diagnostic est ressentie glaciale.

Après en avoir informé son père qui, comme prévu, n'en fait aucun cas, elle retourne à l'école des sœurs où une belle surprise l'attend.

Posé sur son lit, un bel étui de velours bleu, avec à l'intérieur une magnifique paire de lunettes. Adélia ne pense pas un instant que ce sont ses professeurs qui les lui ont offertes, après s'être cotisés.

Le week-end suivant, elle se venge de l'attitude de son père en pensant que si sa vue n'est pas une priorité, alors la longueur de ses cheveux ne devrait pas l'être non plus. Un salon de coiffure, devant la gare de Versailles, recherche des modèles et la coupe y est gratuite. Juste avant de prendre le train pour rentrer à Grigny chez son père, Adélia se fait donc couper les cheveux. Pour elle, c'est un rêve qui devient réalité.

Sa nouvelle coupe au carré lui va à merveille, elle est devenue une délicieuse jeune fille, grande, élancée, et d'un charme fou.

À son arrivée, ses frères sont attablés aux côtés de leur père et c'est d'un regard attentif et curieux qu'elle est accueillie, leurs visages, ainsi que celui de leur sœur, trahissent leurs sentiments, il semble bien à Adélia qu'ils éprouvent de la peur pour elle.

Pourtant, son père baisse les yeux. Il réalise maintenant, la voyant lunettes sur le nez, qu'elle en a vraiment besoin. Il accepte finalement aussi que son visage change, même s'il demeure impensable pour lui qu'une fille porte les cheveux courts.

<u>2 décembre - 2013 - vers 23h</u>

Samy se lève du canapé, souffle et dit d'une voix harassée :

Pas toujours facile de vivre comme on le souhaite, d'autant plus étant enfants car ce sont les adultes qui décident.

Anthony se lève à son tour et se dirige vers la cuisine, où il dispose sur un plateau plusieurs verres en demandant à tous :

Un apéro, ça vous dit ?
Steve, enchanté, le rejoint en répondant d'une voix enthousiaste :
Avec plaisir. Franchement, je vais l'apprécier et ensuite, maman continuera à nous raconter son histoire.

Adélia se dirige vers la salle d'eau et se fait couler un bain, elle n'oublie pas d'y ajouter les nombreuses gouttes d'huile nécessaires à sa détente et dont l'odeur adoucit déjà l'atmosphère. Alors qu'elle s'apprête à pénétrer dans la baignoire, Anthony, de sa voix grave, invite chacun à s'installer sur la terrasse.
L'apéritif est disposé sur la table de bois, qu'il a préparée de façon à ce qu'elle puisse tous les accueillir. Pour garantir une assise des plus confortables à chacun, il a également recouvert chaises et fauteuils de coussins très moelleux.

Pendant que Samy prend place sur le siège du spa, Anthony s'affale sur la balancelle tandis que Steve se tient face à lui. Leur mère s'empresse de fermer le robinet de son bain de peur qu'il ne déborde et, reprend place auprés d'eux sur un fauteuil. La terrasse est ombragée par un énorme pin qui, à lui seul, donne l'impression, à ceux qu'il abrite, de se trouver en plein cœur d'une forêt…

Le délicat, sensible et charismatique Anthony, aime que ses actes appellent l'éloge.

À peine sont-ils assis qu'une musique se fait entendre. Au regard de Samy posé sur elle, Adélia comprend qu'elle est de son initiative.

Steve :

Maman, nous voulons que tu écoutes les textes de ces chansons ! Elles ont toutes été sélectionnées afin de t'adresser un message, parfois d'excuses, mais surtout pour que tu saches que maintenant, on sait...

Moi aussi, quelquefois mes actes n'ont pas été des plus judicieux, être une maman est très difficile, vous savez , surtout quand il manque le papa.

Samy répond :

Tu nous as élevés seule, maman, et nous tenons à ce que tu saches que tu es une mère merveilleuse.

Anthony :

Je sais qu'on n'a pas toujours été des enfants parfaits, mais toi, maman, tu as toujours été là. Tu as toujours tenté de faire que papa reste proche de nous, mais voilà, il en a préféré autrement. Aujourd'hui, grâce à toi, j'ai compris que ce n'est pas nous qui décidons. Je t'aime maman !

Anthony a longtemps souhaité et ce, de toutes ses forces, que ses parents s'aiment à nouveau et qu'ils redeviennent la famille qu'ils avaient été et qui lui manque tant. Il était si nostalgique de leur bonheur passé. Alain l'aurait souhaité, mais Adélia n'a jamais pu lui pardonner d'avoir put pensé un jour les quitter.

Steve :

Il y a plein de pères qui se « barrent ». C'est tellement plus simple que d'assumer… Malgré tout, je ne peux pas penser qu'ils puissent simplement s'imaginer la profondeur de la blessure qu'ils laissent, à jamais, à leurs enfants.

Allez les enfants, on trinque ! À notre santé, bonheur pour nous et tous ceux que nous aimons, personne n'est responsable de ses actes quand il est un enfant. Maintenant, l'essentiel est que tous, vous soyez heureux dans votre vie d'adulte.

Les enfants ont tous grandi avec un déséquilibre évident, celui de l'attente interminable de l'attention d'un père qui n'est jamais venue, créant ainsi, au plus profond d'eux-mêmes, cette fragilité qu'ils ont en commun, tout en les rapprochant les uns des autres. À l'image de leur mère, qui, dans un premier temps, n'avait pas accepté la mort prématurée de sa maman, avant de parvenir à en faire son deuil des années plus tard, ce qui la libéra de toute cette attente. Cependant, Samy, Anthony et Steve resteront à jamais marqués par l'absence de leur papa qui est, lui, toujours vivant, avec, chaque jour, l'espoir de le voir enfin revenir vers eux trois.

Car, pour toute chose en ce monde, lorsque l'une d'entre elles vient à manquer, un déséquilibre se crée afin de combler le vide qu'elle a laissé.

Adélia :

Et pour passer à autre chose, que voudriez-vous savoir de plus, les enfants ? La réponse de Samy, jeune fille sentimentale, ne se fait pas attendre :

Raconte-nous ta première histoire d'amour, s'il te plait !

UNE VISION INFINIE

2 décembre - 2013 - Juan-les-Pins - vers 23h30

Attends, Samy, écoutons en silence le CD et ensuite, je vous la raconte.

Ils restent ainsi, tous les quatre, une bonne heure à écouter les chansons, le cœur rempli d'émotion, la tête pleine de souvenirs. Chacun, son verre à la main, grignote des biscuits apéro que Samy a pris soin d'ajouter sur la table.

Adélia s'apprête à se lever pour retrouver son bain, quand soudain, Anthony la retient par le bras :

Maman s'il te plait, tu devais nous raconter !
Ok les enfants, puisque vous y tenez tant, voilà comment j'ai rencontré mon premier amour : François. Et sachez que si Steve a pour deuxième prénom François, c'est pour rendre hommage à cette histoire. Alors voilà... Nous sommes en début de 3e année de CAP, j'ai seize ans et la vie est belle.

Début - 1985 - Un premier amour

Chaque week-end, Sonia est invitée chez le père d'Adélia, c'est toujours un réel bonheur pour eux de la recevoir, sachant qu'elle n'a toujours pas retrouvé sa famille.

C'est un vendredi, alors que les deux jeunes filles marchent en direction de la gare de Versailles pour rentrer, qu' Adélia aperçoit, au loin, deux garçons se dirigeant vers elles. Elle se dit que l'un d'entre eux lui plait beaucoup lorsque, subitement elle se baisse et fait mine de lacer ses chaussures.

Que fais-tu, Adélia ? dit Sonia, étonnée, d'une voix forte.
Ferme-la ! lui répond-elle, *tu vois bien que je fais mes lacets !*
Mais, tu n'en as pas !

À ce moment-là, Adélia pense vraiment qu'elle ne comprend rien, elle a trouvé, en une seconde, le seul moyen possible de faire en sorte qu'elles s'arrêtent d'avancer sans éveiller les soupçons.

Lorsqu'ils arrivent en face d'elles, le plus beau des deux garçons, précisément celui qu'elle avait remarqué, lui demande la direction de la caserne de l'armée. Pour lui aussi, c'était une bonne excuse et quelques instants plus tard, sans savoir comment, les voilà tous les quatre attablés autour d'un café.

Le short d'Adélia dévoile ses jambes nues, et son chemisier laisse entrevoir la rondeur mutine de ses petits seins, elle parait la plus inaccessible des filles, pourtant, une tâche de chocolat aux coins des lèvres semble la ramener vers le commun des mortels.

Cette constatation suscite chez ce garçon, qui lui plait tant, un sourire qu'il s'efforce de dissimuler.
Elle vient de rencontrer son premier amour. Très beau, d'origine corse, François est de quatre ans son ainé. Doté d'un humour fou, le jeune homme se révèlera également passionnant, délicat, plein d'attention et de nature joyeuse.

C'est sûr ! C'est le bon, car Adélia en est déjà amoureuse. Du haut de ses 17 ans, elle laisse alors paraître dans ses propos une expérience certaine des garçons. Pourtant, tout ça n'est que cinéma. En effet, malgré de nombreux flirts, elle n'a, en réalité, jamais eu de rapport sexuel, ce que François, de son côté, est loin d'imaginer…

Quelques semaines plus tard, les deux tourtereaux filent le parfait amour lorsqu'Adélia lui demande d'une manière dégagée :

Dis-moi, as-tu déjà couché avec une fille vierge ?
Sa réponse fut claire.
Surtout pas ! J'aurais trop peur de lui faire mal.

Elle comprend alors, à ce moment précis, quel genre d'homme délicat il est.
Pendant ce temps Sonia, pas en reste, sort avec le copain

de François. Cette situation leur permet de se voir souvent et même de trouver des arguments pour cacher à Manuel qu'elles vont voir les garçons. Surtout qu'ils habitent à proximité de chez Manuel…

Un soir, François propose à Adélia de le rejoindre et de rester dormir chez lui. Quel bonheur pour elle, elle a tellement envie de se retrouver dans ses bras ! Elle s'y est préparée comme une princesse pour son prince et ce, depuis le premier jour de leur rencontre.

Excitée, elle fait couler un bain pendant qu'elle prépare ses affaires. Maria, qui vient de rentrer dans sa chambre, lui demande :

Que fais-tu ? Tu sors?

Oui, lui répond-elle. *Ce soir, je vais faire l'amour avec François pour la première fois ! Tu te rends compte, Maria? Je vais faire l'amour pour la première fois !*

Je ne te crois pas !

Alors, c'est que tu ne me connais pas ! lui rétorque Adélia, un peu déçue.

C'est ainsi qu'elle quitte la maison pour rejoindre François, venu la chercher en moto.

Cette nuit-là fut paradisiaque, si ce n'est qu'elle veille surtout à ce qu'il ne voit pas ses jambes, lui ne comprend pas et tout porte à croire qu'elle non plus. Adélia a du mal à montrer son corps : certainement un traumatisme. Elle veut tellement lui paraître parfaite.

C'est dans son parfum qu'elle trouve le sommeil.

Réveillée au milieu, de la nuit Adélia se sent humide. Et là, l'horreur. Il y a du sang sur les draps.

Que pensera-t-il demain, de moi ? pense-t-elle.

Délicatement, elle se dégage de ses bras. François, heureusement pour elle, se tourne et ne quitte pas son sommeil. Il ne s'aperçoit donc pas que son amie s'enfuit de son appartement dans le plus grand silence.

Au pas de course, Adélia traverse seule les rues dans la pénombre, retenant son souffle lorsqu'elle croise quelques groupes de jeunes et c'est sur la pointe des pieds qu'elle rentre chez elle. Ouf ! Et quelle chance Manuel est absent.

Adélia se glisse alors dans un bon bain doux et odorant, comblée d'amour, elle se délasse. Elle plane tellement qu'au lieu de se badigeonner les cheveux au shampoing, elle utilise du lait de toilette : pendant trois jours, elle aura les cheveux gras, c'est atroce !

Mais rien ne peut lui faire oublier les mains de François sur son corps, elle frissonne rien qu'en y songeant, mais aussitôt, elle est freinée par l'idée qu'il est peut-être déçu.

Le lendemain, toute angoissée, elle reprend le chemin de l'école.

Le vendredi suivant, chouette ! Il est là, devant une belle voiture, sous une pluie abondante.

Dès qu'elle met un pied dehors, il lui porte un regard profond de douceur et s'empresse d'ouvrir la portière passager pour lui tendre la main et l'aider à s'y asseoir.

À peine installé au volant, il lui demande :

Pourquoi ne pas me l'avoir dit ? À cet instant, un grand silence, qui en dit très long, s'installe.

Pendant que la voiture file en direction de chez elle, il lui explique qu'il a quitté l'armée, trouvé un travail et que maintenant, plus rien ne pourra les séparer.

Adélia se sent comblée, mais en même temps coupable, car elle sait que pour la mère de François, l'armée et ses études sont importantes. Mais bon ! Puisqu'il l'aime et qu'elle l'aime.

Lorsqu'elle arrive chez elle, Maria l'informe que leur père est hospitalisé et qu'il sera absent de longues semaines. Adélia est alors triste pour son père, mais tellement heureuse de pouvoir retrouver François.

Ce week-end passé chez lui, enlacés l'un contre l'autre à se contempler, n'est que pur bonheur. Rien n'est plus beau que le fond de ses yeux, plus doux encore que ses mains sur elle.

Le week-end touche à sa fin, François raccompagne Adélia devant sa porte, afin qu'elle puisse préparer ses affaires à emporter pour l'école, en lui indiquant qu'il sera de retour dans une heure.

Une heure plus tard, Adélia fin prête et le cœur battant s'impatiente, tandis que les minutes passent et qu'il se fait attendre.

La nuit est tombée depuis longtemps, elle doit absolument partir et surtout ne pas manquer le dernier train partant pour Versailles.

Elle aurait pu aller jusqu'à chez lui, mais elle n'en a pas la force, apeurée par la perspective d'entendre l'impossible.

C'est donc le cœur triste et vidée de tout respect d'elle-même, qu'assise dans ce train qui file en direction de Versailles, elle espère encore qu'il y apparaisse comme par magie. Elle aurait voulu arrêter le temps et le remonter, afin de changer l'histoire de sa vie et ne jamais l'avoir rencontré. Sa déception est profonde.

Il lui faut trois longues semaines, après cette mésaventure, pour pouvoir reprendre le train qui la ramène chez elle.

Elle s'efforce d'être positive, de penser aux bons côtés des choses en sachant apprécier l'attention qu'il lui a portée, même si c'était peut-être du cinéma.

Pour garder l'estime d'elle-même, elle s'imprègne de l'élan de passion que François lui a offert. Elle ne veut pas garder au fond d'elle-même un mauvais souvenir de sa première nuit d'amour, un amour qui reste à jamais ancré dans son cœur.

Quelques semaines plus tard, elle apprend que c'est une tentative de suicide de son meilleur ami qui ne lui a pas permis d'être présent ce soir-là.

LE CŒUR DE L'OCÉAN

2 Décembre - 2013 - vers 23h50

À peine a-t-elle terminé son récit qu'Anthony lui remplit à nouveau sa coupe de champagne, tellement à ras bord qu'il inonde le parquet.

Enfin, rien de grave, pense-t-elle.

Elle boit une bonne gorgée de champagne, presque à s'étrangler.

Une seconde plus tard, la voix de Steve résonne :

Allez, Maman, continue ! Et Papa, comment tu l'as rencontré puisque la rupture de François t'a fait tant de peine ?

Votre père a été pour moi un bel amour et c'est pourquoi vous êtes là, tous les trois, nous nous sommes fortement aimés, vous saurez aussi pourquoi Mike est le parrain d'Anthony.

Octobre - 1985 - Sainte-Geneviève-des-Bois-

C'est par un beau dimanche après-midi qu'Adélia et Manu entrent dans un dancing à Sainte-Geneviève-des-Bois, ils retrouvent leurs amis habituels, mais ce jour-là restera à jamais inoubliable.

Elle n'a pas encore franchi la porte de la salle que son amie Adélaïde, lui saute au cou.
Adélia la présente à son frère et voilà une histoire idyllique qui commence entre ces deux jeunes gens..... Puis Adélaîde prend Adélia par la main, et les voilà saluant toute l'assemblée.

Adélia attentive, remarque l'attrait que Manu porte à son amie et cela l'enchante, elle est heureuse de penser qu'elles pourraient devenir belles-sœurs. Adélaîde a énormément de points communs avec Adélia : la joie de vivre, le dynamisme, la passion des choses et surtout un humour fou, voilà ce qui caractérise ces deux jeunes filles. Son souhait se réalisera peu de temps après et on demande encore aujourd'hui à Manu si ce n'était pas sa sœur qu'il cherchait le jour où il a rencontré sa femme, ce qui le fait toujours rire.

Adélia continue de saluer ses amis quand là, droit devant elle, un jeune homme retient son attention. C'est un très bel homme, quelque peu plus âgé, d'un style latin, avec de grands yeux marron très expressifs et une bouche pulpeuse ornée d'un beau sourire, bref ! Son type d'homme quoi.

Elle s'avance pour le saluer, comme si elle le connaissait, le jeune homme ravi se présente spontanément :

Alain.
Son ami Mike s'avance et lui dit :
Tu ne me la présentes pas ?
Alain lui répond, comme agacé :
Je ne la connais pas.
À voix haute son ami lui rétorque alors :
Menteur !

Adélia, gênée, fait mine de n'avoir rien entendu et continue de saluer les autres amis présents.

Alain n'avait encore jamais vu une fille agir avec ce naturel et distribuer tant d'attention aux autres. Il était, à ce moment précis, devant une si belle et désirable jeune femme à degré tel qu'il aimerait qu'elle devienne son épouse.
De nature timide, il prend son courage à deux mains et trouve la force de lui demander :

Pourrais-je vous inviter à danser ?
Merci, lui dit-elle, dissimulant sa surprise.

Il avale sa dernière gorgée de soda en observant la jeune femme par-dessus le rebord de la canette. Habituée à être regardée, Adélia demeure immobile sous son examen et soutient son regard sans ciller.

L'après-midi se déroule dans la joie et la bonne humeur quand enfin vient le temps de la série de slows ! Sans qu'une seconde ne se soit écoulée, une main effleure la sienne et l'entraîne sur la piste de danse. Alain ! La douceur de ses mains, posées sur les hanches d'Adélia, son souffle, caressant délicatement son cou, ainsi que l'incertitude qu'il dégage éveillent en elle d'intimes frissons. Tous deux flirtent alors avec l'interdit et en arrivent presque à y succomber.

Un tête-à-tête brûlant entre une femme pleine de sensualité et un homme qui découvre les prémices de l'amour.

Le volume affaibli des dernières notes jouées par l'orchestre vient mettre un terme à ce ballet enchanté, Alain glisse dans la main d'Adélia une petite feuille chiffonnée et, de sa voix la plus douce, lui murmure :

Acceptez cette invitation. S'il vous plait.

Elle baisse les yeux pour lire ce qu'il y est griffonné :

« Samedi 19 h gare de Grigny et téléphone.»

Sans dire mot, Adélia s'éloigne de lui et s'éclipse de la salle.

Elle retient son souffle jusqu'au vendredi suivant, et appelle enfin le numéro de téléphone indiqué, son cœur bat la chamade :

Allo ? Bonjour ? lui dit une dame à l'autre bout du fil.

Je suis Adélia, et voudrais juste dire à Alain que je serai là au rendez-vous.

Pouvez-vous m'épeler votre prénom ?

Quelle drôle de question ? pense Adélia.

Cette réaction est une véritable énigme pour Adélia. Plus tard, elle apprendra qu'Alain avait missionné sa mère pour répondre, car il était trop gêné d'avoir oublié son prénom.

Le lendemain, après s'être prélassée dans son bain comme d'habitude, elle s'asperge d'eau de toilette Cartier, offerte par François, avant d'enfiler son jean qui dessine à merveille son fessier, et une chemise de coton blanche, qu'elle noue à hauteur du nombril. Avec aux oreilles, ses boucles d'argent et aux pieds, ses plus hauts talons qui lui cambrent les reins et donnent un certain galbe à son corps.

Maria, rentrant tout juste du travail, arrive au moment où elle met la dernière touche à son maquillage :

Waouh, Adélia, s'exclame-t-elle depuis le seuil de la salle de bains, *tu es sensationnelle !*
Merci.
Et tu sens bon !

Maria regarde sa sœur se surligner les yeux au crayon noir.

Tu te fais bien belle pour une simple sortie entre amis.
Oui, Maria, tu as raison, je vais te raconter.

Ce que Maria retient alors, c'est qu'Adélia va sortir cette nuit avec un inconnu.

Malgré toutes ses inquiétudes, Maria aide sa sœur à finir de se préparer et lui donne, en petite monnaie, les dix francs pour payer l'entrée de la soirée.

Vite, vite ! Adélia part le cœur léger, en lui criant :

Ne t'inquiète pas ! Je serai prudente !

Elle ne peut, cependant, s'empêcher de ressentir des angoisses.

Au pas de course Adélia arrive devant la gare, Alain est déjà là à l'attendre, accoudé sur le capot de sa voiture, une cigarette à la main qu'il s'empresse de jeter sitôt que son regard se porte sur elle.

Après un baiser sur la joue, il contourne la voiture, ouvre la portière passager et invite sa belle à s'y installer.
Le trajet se fait sans un mot, c'est pourtant très agréable d'être assise aux côtés de ce bel homme. Une sensation de sécurité l'envahit qu'elle ne s'explique pas.

Dès qu'ils arrivent, le meilleur ami d'Alain, Mike, les accueille, les deux copains s'embrassent, une grande sensation d'amitié s'en dégage. Adélia pense alors à Maria qui devait se tordre d'inquiétude et se dit qu'elle devrait être rassurée.

La soirée se poursuit sous les éclats de rire, principalement grâce au fameux « masque de singe » d'Alain. Ce soir-là, il ne quitte pas la main d'Adélia, heureuse de toute l'attention qu'il lui porte.

La fin de la fête approche à grands pas et, au micro, on signale déjà qu'il faut régler son ticket. L'inquiétude l'envahit: comment expliquer tous ces centimes pour simplement obtenir dix francs, mais, à peine sa main a-t-elle glissé dans sa poche, qu'Alain l'interrompt :

Non, je paie pour nous deux.

C'est un énorme soulagement pour Adélia qui n'a pas à montrer sa petite monnaie. Cette attitude fut favorable à leur rencontre, car, personne ne saura jamais qu'elle est pauvre à ce point, et comme un bonheur ne vient jamais seul, elle pourra rendre à Maria les piécettes qu'elle lui avait prêtées.

Tout le monde parti, nos deux tourtereaux prolongent la nuit en buvant une bière en compagnie de Mike qui, cette fois, constate qu'Alain ne connaissait pas Adélia la semaine précédente. En guise de conclusion à ce premier rendez-vous partagé, Alain propose à Adélia d'aller faire une petite virée en voiture avec lui. Malgré l'inquiétude de Maria, Adélia accepte l'invitation.

La nuit est totale et quelques minutes plus tard les voilà qui filent sur la route.
Alain dit :

Regarde sur la droite, Adélia !
Ils s'engagent alors dans un chemin défoncé bordé d'arbres qui mène à un groupe de bâtiments, avec une vaste

grange de construction légère.

L'inquiétude commence à l'envahir.

Où sommes-nous ? demande Adélia d'une voix inquiète.
Chez mes parents.

Il dit ces mots si calmement, qu'Adélia retrouve son souffle.

Une fois le moteur coupé, ils descendent de la voiture pour s'approcher d'une haute barrière en bois, visible au clair de lune.

Dans l'enclos se trouvent de nombreuses vaches. Interrompue dans son sommeil, l'une d'entre elles se lève paresseusement du groupe pour s'approcher d'eux, la tête haute. Ses pattes foulent délicatement l'herbe. Adélia, les bras croisés sur la barrière, ne bouge pas, la vache vient doucement lui souffler sur l'épaule. L'étoile blanche sur le collier de l'animal se détache nettement de sa robe claire, Adélia la caresse entre les yeux.

Bonsoir, lui dit-elle, en laissant l'animal la renifler.

Les lueurs du ciel permettent à Adélia et Alain de se voir. Elle avait remarqué que la lune incite aux plus belles des folies, qu'elle soit pleine ou en croissant. Mais, pour autant qu'il désire l'embrasser, cela n'aurait pas été sage, car Adélia est pure et a les exigences qui vont de pair. Sans doute craint-il qu'elle ne voit en lui qu'une expérience de plus. L'embrasser est une folie totale. Mais il aurait tellement aimé.

La lune les aurait certainement aidés à parvenir à leurs fins, si la vache n'avait pas secoué la tête, les effrayant tous deux.

Ils s'éloignent de la barrière :

Alors, ai-je la permission de te présenter mes parents ?
Oui, lâche-elle dans un soupir incertain.

Quelques minutes plus tard.

Et voilà Alain qui présente Adélia à ses parents adorables : Raymonde et René. Il lui suffit de voir la douceur de leurs regards posés sur leur fils pour la rassurer et pour souhaiter de tout son cœur qu'ils puissent être les siens. Raymonde et René apportent à Adélia une attention toute particulière. Elle ne connaît pas encore ce sentiment, c'est si agréable. C'est la première fois qu'Alain leur présente une jeune fille, et donc, eux savent déjà qu'Adèlia sera l'amour de sa vie. Elle, de son côté, se sent si bien, protégée par l'amour qui règne dans cette maison, que, pour elle aussi, ils sont déjà sa famille.

Ce jour-là, Adélia rencontre Edwidge, la meilleure amie de Raymonde et qui devient, en une minute, l'amie d'Adélia.

Comme dans un sursaut, elle revient à la réalité. Il lui faut vite rentrer à la maison. Maria doit être inquiète et son père sera bientôt de retour. Cette dernière doit être morte de peur, car une nuit d'absence n'est pas de mise à la maison. Elle cède de nouveau à la panique.

C'est donc en trombe que la belle auto d'Alain la ramène chez elle. À peine garés, ils descendent de la voiture et là, derrière eux, ils aperçoivent Manuel, droit comme un I, des gâteaux à la main...

Le cœur d'Adélia bat à cent à l'heure… Aussi, quelle surprise lorsqu'il leur lance :

Montez à la maison, tous les deux, j'ai acheté des croissants.

Elle n'en revient pas : en une seconde, Manuel juge qu'Alain sera pour elle un bon mari.

Une fois dans l'appartement, elle l'invite à entrer et à s'asseoir à la table de la salle à manger, déjà dressée pour le petit déjeuner. Si, parfois, leurs regards se croisent, chacun prend garde à dissimuler ses sentiments.

Maria rentre dans la pièce, porte un regard accusateur à

Alain, puis le salue.

Quel bonheur pour Adélia de la retrouver, ses yeux fatigués et son regard posé sur eux en disent long... Maria, après avoir compris que leur père approuve, est rassurée et ne cache pas sa joie, elle leur sert un lait chaud, les embrasse pour les saluer et file se coucher.

Elle le mérite bien.

Manuel s'assied à leurs côtés et se met à parler de choses et d'autres, Alain fait déjà partie de la famille. Les garçons, de retour, le saluent et s'installent à ses côtés, s'adressant à lui comme s'ils le connaissaient de longue date.

Ce fut le moment le plus serein qu'Adélia ait partagé jusque-là avec son père.

Cependant, si Manuel accepte Alain comme son gendre et que René apprécie qu'Adélia devienne sa belle-fille, Raymonde, mère de six enfants, a du mal à voir son petit dernier quitter la maison. Chaque jour, Alain téléphone à Adélia et ce malaise se fait sentir, dans le timbre de sa voix. Cette situation le met mal à l'aise, car il ne peut accepter cette position prise par sa mère.

Ce jour-là, dans la cuisine obscure, après avoir raccroché le téléphone, Adélia fixe la fenêtre d'un œil absent. Elle reste là, immobile, jusqu'au milieu de la nuit. C'est un moment du jour auquel elle assiste rarement.

Sans bouger sur la terrasse, elle remonte le col de son pyjama en satin gris souris et contemple l'explosion de couleurs qui marbrent le ciel. Quelle splendide aurore ! les vibrants reflets des étoiles s'élancent à la conquête des cieux plus sombres. Adélia ne trouve pas la lune, mais si l'astre nocturne n'est plus là, les chants des moineaux et des merles rivalisent de virtuosité. Leurs cris éclatent d'insolence.

La non-complaisance de Raymonde lui inspire un sentiment de solitude. Si seulement Lucia était là pour lui indiquer la voie. Quelle belle histoire ils pourraient vivre, pense Adélia, qui se sait, ce soir, séparée d'Alain par de

nombreux kilomètres.
D'où vient ce poids sur son cœur ? La déception ? Une larme lui coule sur la joue. Qu'est-ce qui ne va pas ? Que lui arrive-t-il ?

Elle sait que la bataille n'est pas gagnée et qu'elle devra s'efforcer sans cesse de faire la conquête de sa belle-mère. Mais elle n'est pas seule dans cette bataille : les quatre frères d'Alain, ainsi que sa sœur la soutiennent et n'ont de cesse de rassurer leur mère sur ses bonnes intentions, et même Edwidge rassure sa meilleure amie sur les bonnes intentions d'Adélia.

2 Décembre - 2013 - Juan-les-Pins - vers minuit

Steve sort du silence :

Pas gentil de la part de mamie Raymonde !
Ce qu'il faut retenir, c'est que c'est comme pour papi Manuel, personne ne pense faire de la peine. Chacun a ses peurs et surtout, souhaite protéger au mieux les personnes qu'il aime.
Anthony :
Et tonton Manu ? S'est-il marié tout de suite avec tata Adélaïde ?
Oui. Et Maria aussi a rencontré Tony, son mari, un peu grâce à moi.
Ah bon ? reprend Steve. *Raconte, maman !*

C'est par un beau dimanche après-midi que Maria, accompagnée d'une amie, déambule dans une fête foraine où elle fait la connaissance de Tony, son futur mari qui accompagne son meilleur ami, Marc, pour le soutenir dans sa quête. Après avoir accompli son service militaire, Marc ne veut pas comprendre que la lettre de rupture d'Adélia est sérieuse. Il a été son flirt entre sa douloureuse rupture d'avec François et sa rencontre avec Alain. C'est à force d'être venu chez Adélia à plusieurs reprises qu'il est également devenu l'ami de Maria, qui les accompagnait souvent dans leurs sorties.

Maria leur raconte que sa sœur fréquente un gentil garçon et que leur relation est sérieuse. Une ambiance délicieuse se fait sentir autour de Tony et Maria, chacun d'eux se délecte des regards complices qu'ils échangent, nullement désireux de se séparer, ils continuent à parler et à se dévorer des yeux.

Tony dégage un charme et une aura de séduction qui provoque chez elle un émoi immédiat.

Leurs regards se rencontrent trop souvent, se retiennent avec trop d'intensité, pour qu'ils puissent feindre plus longtemps la distance qu'ils affichent.

Tony prend son ami par l'épaule et le rassure, en lui disant combien, s'il aime Adélia, il doit être heureux pour elle et maintenant l'oublier, car ce flirt est vraiment fini. Marc, embarrassé, les salue et s'éloigne.

Triste pour son ami, Tony le regarde partir.

Quand il se retourne, il surprend Maria qui le contemple. Il s'empresse alors de lui dire :

Puis-je te raccompagner chez toi ? Mais avant, t'offrir un verre ?

Elle jette d'abord un coup d'œil autour d'elle et s'aperçoit que son ami l'a quitté.

Voilà donc Maria et Tony seuls, assis à la terrasse d'un bar, à discuter de l'issue possible des soucis de leur ami commun, et de bien d'autres choses.

Lorsque leurs yeux se croisent une fois encore, ils s'empressent de s'embrasser, signant ainsi du bout des lèvres le début de leur histoire d'amour.

Plus tard, Tony rencontre la famille de Maria et devient l'ami d'Alain. Lui aussi pense qu'Adélia et Alain sont fait l'un pour l'autre.

Adélia, quant à elle, est reconnaissante envers Tony et sa sœur de soutenir Marc, après la peine qu'elle lui a faite.

<u>3 décembre - 2013 - Juan-les-Pins - vers 0h30.</u>

Mais alors, maman, pourquoi rencontres tu, aujourd'hui, aussi peu souvent ta sœur ? demande Steve.

Une personne très proche de nous s'est servie de nos sentiments pour nous dresser l'une contre l'autre, et elle a fait penser à l'une et à l'autre que nous faisions des choses horribles, c'était si moche, que pour ne pas nous faire plus de mal, il nous a été plus simple de ne pas en parler. C'est ainsi que, sans jamais nous disputer, le silence nous a éloignées pendant vingt ans. Nous le regrettons toutes les deux et si nous pouvions refaire le chemin à l'envers, nous en aurions parlé.

Voilà pourquoi je dis que le silence tue !

Alors qui est le premier à quitter la maison de papi Manuel? demande Samy.

D'abord c'est Manu qui s'est marié, le mariage s'est fêté à la maison chez papi Manuel et nous étions tous réunis, mais Adélaïde n'avait pas sa famille auprès d'elle et ils ont dû lui manquer, cependant, c'était un beau mariage. Manu et Adélaïde étaient superbes.

Elle, une fois mariée, a eu une vie plus simple : sa famille étant au Portugal, elle faisait face, seule, à la vie. Ensuite, Manu et Adélaïde ont acheté une belle maison et ont eu leurs deux enfants, Bruno et Mickael, que nous aimons tous très fort.

Peu de temps après, c'est moi que mon père décide de voir partir et donc me fait quitter violemment le domicile.

<u>1985 - Grigny - Chez Manuel</u>

Adélia a à peine 17 ans quand elle quitte l'école. Elle n'a cependant pas encore trouvé de travail fixe, et Manuel ne comprend pas qu'elle ne puisse pas lui donner une participation financière pour la maison, car au Portugal, chaque enfant aide ses parents, parce qu'il y a les champs, les vignes.

Tandis qu'en France, vous avez un employeur, et voilà.

Adélia se sent comme un papillon sans lieu où se poser, elle se sent seule au monde. Heureusement, elle a gardé de bonnes relations avec une ex-amie de son père, qu'elle informe de la situation. La gentille Victorine lui vient immédiatement en aide dans l'attente d'une solution. Adélia est alors à l'abri.

Pendant le trajet en voiture pour aller chez Victorine, Adélia est dans le néant. La tête à la fenêtre ouverte de la voiture, le trajet lui parait interminable. Le vent s'engouffre dans le véhicule, le ciel s'assombrit, et les pins, au bord de la route, commencent à osciller à l'approche de l'orage.

Alain lui a proposé l'hospitalité, mais face aux pensées de sa mère la concernant, elle ne peut ne serait-ce que l'envisager. Son orgueil est trop grand pour pouvoir accepter.

Heureusement, Justin prend soin d'elle et lui apporte ce dont elle à besoin, à ses risques et périls.

Deux semaines après, Adélia est placée dans une famille d'accueil par Marie-Hélène

Un gentil couple de presque son âge, ce qui signifie qu'Adélia n'est pas une enfant à problèmes, mais qu'il lui faut juste le temps de trouver un emploi à plein temps pour s'assumer.

Pendant ce temps, Maria aussi a quitté la maison pour aller vivre avec Tony, ils se marient à la mairie en France et le mariage religieux a lieu au Portugal. Ils ont réuni leurs deux familles, c'est un très beau mariage qu'ils ont payé seuls, comme des grands. Très vite arrive Angélique puis Aurélie et enfin Alexandre, le garçon tant attendu.

Quelques mois après, Adélia quitte la famille d'accueil pour prendre son envol avec Alain.

Sans grande surprise, Justin, après son départ forcé de chez son père, se voit placé chez la même famille d'accueil qu'Adélia.

Pour Justin, ce ne fut pas un mal, cette famille en devient immédiatement une pour lui.

À cette période, Manuel décide de quitter la région parisienne pour la Bretagne.

Il y est accueilli à bras ouverts et depuis, cette région est sa meilleure alliée.

Il est un jardinier star en Bretagne, ce qui lui vaut d'obtenir, tous les ans, le premier prix de la maison la plus fleurie. De sa culture de fleurs magnifiques et des légumes géants qu'il arrose chaque jour avec soin, il fait des dons aux églises et à des personnes nécessiteuses. Il ne les vend jamais, mais les donne, alors qu'il ne perçoit qu'une petite retraite, mais qu'il sait la gèrer au mieux.

3 janvier - 2013 - Juan les Pins - vers 00h40

Quand vous êtes-vous mariés, toi et papa ? demande Anthony.

Nous nous sommes mariés le 4 juillet 1987 par une belle journée ensoleillée. Pour moi, c'était comme un signe de liberté, nous avons toujours vécu dans l'Essonne et y sommes restés. Tout d'abord, nous avons loué un appartement à Savigny-sur-Orge, où une vilaine maladie (la maladie des amoureux) a atteint Alain, notre amour a fait qu'elle s'est vite guérie, puis notre second appartement, un grand studio à Juvisy-sur-Orge.

L'ESSENCE D'UNE VIE

04 Juillet 1987 - Mariage d'Adélia et Alain

Adélia prend conscience que l'essence de sa vie commence… Elle fait le plus beau des mariages. En froid avec son père, elle ne souhaite pas l'inviter, mais c'est sur le conseil avisé de Raymonde qu'elle change d'avis.

Ses frères, sa sœur, son père,. tous sont présents, elle a pensé à tout et Alain fait que tous ses désirs se réalisent.

Voilà des mois qu'ils économisent pour financer ce grand mariage. Adélia met un point d'honneur à cela, car sa petite famille ne doit en aucun cas ressentir un quelconque malaise quant à leurs différences sociales. La famille d'Alain est soudée, la sienne, divisée et déséquilibrée par les épreuves de leurs vies.

Le matin, tôt : coiffeur, photographe…

La préparation des voitures a été gérée par Alain, il adore cela.

Le vin d'honneur se déroule dans le magnifique parc utilisé par les parents d'Alain, qu'ils ont aménagé pour la circonstance.

Mariage civil à la mairie où les éclats de rire illuminent la salle.

Mariage religieux dans la jolie église du village d'Alain. Une grande joie enveloppe les deux familles. Durant un instant, la beauté des lieux est telle que l'absence de Lucia est si intensément ressentie qu'elle attriste Manuel et ses enfants.

Manu s'approche de sa fille et la détaille de haut en bas, elle a frisé ses cheveux juste assez pour que vienne s'y poser un magnifique diadème.

Tu es si belle. Ta robe longue te va à merveille, ton magnifique visage d'ange telle une princesse de roman doit faire des envieuses, lui dit-il.

Manuel et Adélia se comprennent dans un moment de

silence, durant lequel il songe un instant au regard qu'aurait porté Lucia sur sa fille.

Sauf que l'absence d'une maman et d'une femme a alors envahi leurs cœurs. Mais peut-être leur a-t-elle fait un signe.

À la sortie de l'église, alors que les grains de riz pleuvent et que le photographe scelle ce moment magique, Manuel dit à sa fille :

Tu es un ange, si j'avais su... Je ne te remercierai jamais assez pour ce bonheur que tu apportes à notre petite famille.

Tous les invités félicitent Manuel pour ce beau mariage et lui les remercie en retour comme le ferait un père impliqué... Adélia a tout fait pour que personne ne voit leur fragilité.

Direction, ensuite, le restaurant, non loin de là où la fête se déroule jusqu'au petit matin. La proximité permet à chacun de rentrer chez les parents d'Alain, toute leur grande famille est présente. Le lendemain, les revoilà tous en tenue décontractée, d'abord aux retrouvailles chez les parents d'Alain, puis de là, tous se rejoignent au restaurant, cette fois pour un repas froid, mais dans une ambiance sans contrainte.

Manuel ne mâche pas ses mots :

Je ne te remercierai jamais assez pour ce bonheur, c'était splendide, merveilleux ! Et à moins que je ne me trompe, beaucoup de parents ne verront jamais un aussi joli mariage. Je suis si fier que tu aies pu faire de moi le plus heureux des pères. Pouvoir admirer mes quatre enfants unis et mes petits-enfants tous aussi heureux me comble de joie.

Et maintenant, nous dit-il :

Là-haut, une étoile prend le relais pour vous guider. Je vous aime, mes enfants, et surtout, sachez que j'ai toujours fait du mieux que j'ai pu, mais quelquefois, je sais que cela n'a pas suffi.

Tous s'enlacent et se saluent.

Adélia prend conscience que son père avait revêtu son

plus beau costume gris et qu'il porte au cou une petite croix d'or, une cravate rouge orne sa chemise blanche, avec des boutons de manchettes. En bas de la jambe droite, une pince à vélo est encore accrochée à son pantalon.

Il est venu de si loin à vélo ! Qu'il ait parcouru autant de kilomètres à vélo pour être présent signifie que rien n'aurait permis son absence à ce mariage.

C'était sans doute le plus beau dimanche qu'il eût connu depuis l'envol de Lucia.

Manuel ressent cette douce sensation d'avoir accompli le devoir d'élever leurs quatre enfants.

La vie d'Adélia, aux côtés d'Alain, n'est que bonheur, plus aurait frisé l'insolence.

Maria et Manu filent aussi le parfait amour avec leur conjoint ; Justin, quant à lui, est devenu un beau et très gentil garçon, mais trop de tourments perturbent sa scolarité.

Cependant, son courage fait qu'il a obtenu rapidement un emploi à temps plein où il est très apprécié.

A l'âge de 20 ans, il fait la rencontre de Gigi, une femme qu'il aime tout de suite on ne peut plus fort. Celle-ci est déjà mère de deux adorables enfants, Mickaël et Gérôme, que Justin élève naturellement comme les siens.

C'est quelques années plus tard que Gigi lui offrira deux merveilleux garçons, Frédéric et Ludovic, avant leur mariage dans l'intimité.

La famille est heureuse et chacun prend soin de l'autre.

TA VIE T'APPARTIENT

3 janvier 2011 - Juan-les-Pins - vers 1h30

À partir de ce jour, mon père devient mon meilleur ami...C'est un papa formidable, présent à chaque fois que nous avons besoin de lui, dans les limites de ses possibilités, bien sûr, mais nous sommes aussi là pour le soutenir toutes les fois où cela est nécessaire.

Et le lendemain de notre mariage, comme tombé du ciel, François est de retour dans ma vie.

Celui qui devait être mon parrain ! dit Anthony en chuchotant.

Oui Anthony...c'est pourquoi tu portes le sien en deuxième prénom.

5 juillet 1987 - Juvisy-sur-Orge - 6h du matin.

Adélia part pour le travail à l'hôpital de Versailles, où elle occupe un poste d'infirmière.

Une fois son CAP en poche, elle avait quitté l'école des sœurs, passé son permis et, à force d'acharnement et de ténacité, repris ses études, jusqu'à obtenir, en tant qu'interne, son examen d'infirmière.

Avant de partir au travail, elle fait un court détour dans son immeuble chez un couple d'amis afin de leur rendre les clefs qu'ils ont oubliées chez elle la veille au soir.

Elle quitte son appartement après avoir embrassé bien fort Alain, encore endormi. Afin de ne pas réveiller ses voisins, elle ferme silencieusement la porte, descend les escaliers et tend l'oreille une fois devant la porte palière de ses amis... Ouf, ils sont réveillés, elle frappe alors doucement à la porte, qui ne tarde pas à s'entrouvrir.

Vas-y ! Jette les clefs sur le canapé ! Et merci ! Désolé, je suis sous la douche, lui dit son ami.

Elle comprend que lui aussi doit être pressé. Elle s'exécute et lance le trousseau de clefs sur le canapé, qui lui tourne le dos.

Elle est dingue, cette nana ! crie une voix en colère.

Prenant ses jambes à son cou, Adélia file en direction de la gare où déjà, son train l'attend en bordure de quai.

Pendant ce temps, dans l'appartement de son ami :

Elle est dingue, ta copine, dit l'homme blessé par les clefs venues du ciel et tombées sur sa tête quelques instants auparavant, alors qu'il était encore allongé sur le canapé faisant dos à la porte.

Non, pas du tout, François, c'est ma voisine, tu verras, Adélia et Alain sont des gens adorables ! Ils se sont mariés hier, c'est en les aidant à transporter leurs nombreux cadeaux à leur appartement que nous avons oublié nos clefs chez eux, après avoir bu l'apéro ...

François :
Comment dis-tu ? Adélia ? Adélia Martins ?
Je ne sais pas quel est son nom. Ne crie pas comme ça ! Allons voir sur sa boite aux lettres, il y est forcément
indiqué ! lui répond son ami Éric.

Sur ces mots, les voilà face à la boite aux lettres. François tremble de tout son corps.

Éric : *Qu'est-ce que tu as ?*
François : *Je la cherche depuis notre première nuit, depuis près de deux ans.*

Que dis-tu ?
Oui c'était ma petite amie...
Ne t'inquiète pas tu la reverras, ils habitent ici et elle revient vers 16 h de son travail.
Oui sauf qu'elle est mariée !

Juvisy-vers 16h - Adélia rentre du travail.

Alors qu'elle arrive devant son immeuble, sa main droite a déjà plongé dans son sac pour en extraire les clefs de la porte du sas. Le désordre habituel qui y règne la fait se tortiller dans tous les sens avant de parvenir à les trouver. Alors qu'elle parvient enfin à s'en saisir, elle relève la tête lorsque, soudain, son regard se fige. François se tient là, devant elle, assis à même le sol. Au regard qu'il lui porte, elle comprend qu'il l'attend depuis un bon moment.

Passé l'effet de surprise, Adélia reprend ses esprits :

Bonjour François, que fais-tu ici, et que veux-tu ?

Je veux juste te parler deux minutes, pour pouvoir t'expliquer.

Adélia a la tête qui tourne et ne sait que penser. Elle est si heureuse de voir qu'il est si triste, comme elle l'avait été le jour de leur rupture. Curieuse et revancharde, elle veut entendre ce qu'il a à lui dire. Cette rupture la l'avait fragilisée et il lui a fallu une bonne dose de courage pour retrouver confiance en elle.

S'il te plait ! Laisse-moi t'expliquer.

Adélia, tremblante, s'assied à ses côtés. Elle rapproche ses genoux de son buste et de ses mains, les enlacent, ses doigts croisés à hauteur de ses tibias écrasent délibérément son sac à main, illustrant l'état de tension dans lequel elle se trouve.

François l'informe alors de tous les courriers à son attention qu'il a transmis à Manuel chaque semaine pendant des mois.

Te connaissant, je te savais inquiète, mais si tu avais su que c'est pour aider un ami suicidaire que je ne suis pas venu, tu m'aurais compris. Ton père me disait vouloir te donner mes lettres, mais que tu n'en voulais pas !

Adélia ressent de l'émotion dans sa voix et comprend qu'il a encore des sentiments.

Je-sais que tu es heureuse et que tu viens de te marier, et j'en suis ravi pour toi. Mais malgré tout, tu dois savoir que je suis l'ami d'Éric. Celui qui a reçu les clefs sur la tête ce matin.

Désolé ! Je ne t'avais pas vu.

Ca va, je n'ai plus mal. Et puis... C'est grâce à ça que nous nous sommes retrouvés.

Durant des heures, assis sur ce pallier, ils se remémorent leur passé jusqu'à ce qu'ils soient interrompus par Alain qui rentre à son tour du travail.

Alain, avec sa convenance habituelle, se baisse et donne un baiser à sa femme. François se lève quand, après l'avoir salué d'un geste de la main, Alain lui saisit le bras et, en s'adressant à lui :

François, c'est bien votre prénom ?
Oui ! dit François, stupéfait.

Il l'est bien moins qu'Adélia, qui se demande par quel mystère son mari l'a reconnu. Elle n'avait en effet gardé aucune photo de François et, bien qu'elle lui ait fait part de sa peine lors de leur séparation, elle n'en avait jamais vraiment parlé.

Alain porte un regard inquiet sur Adélia et François :

Vous êtes heureux de vous être retrouvés ? Non ? Eh bien moi, je le suis pour vous, en tout cas !
Il se dirige ensuite vers l'ascenseur...
C'est avec plaisir que nous t'offrons l'apéritif, François!

Bien que très embarrassé, François accepte l'invitation. C'est dans une ambiance inhabituelle, chargée d'interrogations qu'ils partagent une coupe de champagne quelques instants plus tard.

Ce soir-là, à la grande surprise d'Adélia, Alain et François sont devenus amis, allant même jusqu'à partager des moments de complicité. Elle est fière de voir devant elle deux hommes formidables et généreux qui ne souhaitent que son bonheur. Alain, qui a fait acte d'une grande maturité, comble sa femme.

Après que François a eu quitté leur appartement, les deux jeunes mariés se retrouvent.

Alain, pourquoi l'as-tu invité ? lui demande Adélia.

Parce que si vous devez vous revoir, je veux pouvoir le savoir. Si tu le souhaites, je peux même partager ces moments avec vous.

Alain pense réellement ce qu'il est en train de lui dire. En fait, il est plutôt soulagé par cette rencontre. Sur ces mots, ils se déshabillent et, l'un contre l'autre, leurs corps enlacés se laissent aller à de beaux rêves de mari et femme.

Le lendemain matin - vers 10 h.

Adélia ouvre les yeux le cœur léger. La passion de ces deux hommes envers elle et le fait de savoir qu'Alain est rassuré la remplit de joie.

Manuel n'a pas donné les lettres de François à sa fille, car il pense juste qu'un Corse, de plus sur une moto, qui plus est avec un bateau, ne saurait être le mari idéal pour sa fille. Elle ne lui en tient pas rigueur : il est vrai qu'Alain, avec son costume cravate et sa bonne éducation, correspond plus à l'image d'un bon mari. Adélia n'a d'ailleurs jamais abordé le sujet avec son père, consciente que, bien que non fondé, cet acte émane d'un geste de protection à son égard.

Adélia se lève, passe un peignoir et enfile ses chaussons

gris tout doux avant de se diriger ensuite vers la cuisine où elle est accueillie par un soleil radieux. Après s'être préparé un café, encore chaud grâce aux bons soins d'Alain, elle s'allume une cigarette et va à la salle d'eau se faire couler un bain comme chaque matin.

Une fois revenue dans la cuisine, elle ouvre la porte-fenêtre d'accès à la terrasse et lance par-dessus le balcon son mégot de cigarette encore allumé.

Oh ! Vous êtes dingue ! Vous voulez me bruler !

Adélia réfléchit quelques secondes et croit reconnaitre la voix de François. Elle s'approche doucement jusqu'à regarder à l'extérieur où elle aperçoit François sortir de son quatre-quatre rouge, qu'elle reconnaît immédiatement.

Eh bien, excusez-vous au moins ! lui dit-il en relevant la tête. *Encore toi ! Décidément, tu m'en veux !*

Désolée François, je ne t'avais pas vu. lui répond Adélia. *Mais que fais-tu là ?*

J'espérais te voir passer pour aller travailler et te parler cinq minutes.
Monte, je t'offre un café.

Là encore, durant des heures, ils ressassent leurs souvenirs, mais cette fois sans rancune et en totale décontraction...
Ils sont les victimes d'une ambiance qu'ils ont créée, sans guère de sagesse sans doute. Mais pour ces quelques heures sans entrave d'un dimanche après-midi, ils envoient la prudence aux quatre vents.
Tu sais, tout à l'heure ,Alain m'a demandé ce qui se passait entre nous, finit par dire Adélia.
Que lui as-tu répondu ?
La vérité : rien. Juste le bonheur de se retrouver, enchaîne *la jeune femme. Ensuite, Alain m'a dit qu'il en était heureux et que si nous avions l'intention de nous revoir, alors se sera*

avec plaisir qu'il se joindra à nous.

François, reprend, en baissant les yeux vers le sol :

Je sais que trop de temps a passé et maintenant que tu as rencontré Alain, sincèrement, je vous souhaite tout le bonheur du monde...

Tous deux dans le respect l'un de l'autre continuent de se cotôyer. Une réelle complicité et un grand respect s'installent entre les deux hommes, au point qu'Alain lui demande d'être le parrain d'Anthony.

Janvier 2013 - Juan-les-Pins - vers 2h.

C'est aussi dans cet appartement qu'Adélia retrouve Isabelle, la marraine d'Anthony, après un ans d'absence.

Steve *: Maman c'est à cette période aussi que tu retrouves Sonia ?*

Oui, Steve, juste après.

1888 - Saint-Michel-sur-Orge.

Le téléphone sonne : *Salut, c'est Sonia !*

C'est comme un rêve éveillé. Toutes les deux hurlent de bonheur. Sonia a contacté les parents d'Alain pour obtenir le nouveau numéro d'Adélia et, par bonheur, le couple étant toujours uni, elles se retrouvent.

Quelques minutes plus tard, Sonia se tient devant sa porte.

Se sautant toutes les deux dessus, elles s'étreignent chaleureusement et se balancent en riant comme des gamines. Sonia prend son amie par les bras et se recule afin de l'examiner.

Dis donc, tu es superbe Adélia. Tu t'es encore embellie.

Toi aussi, dit Adélia, *tu es belle...*

Je suis heureuse que tu sois toujours avec Alain, il t'aime tellement.

Merci... Et toi, Sonia, les amours ?

Toujours rien, que du naze.

Adélia est triste pour son amie, mais pourquoi ne rencontrerait-elle pas un homme sérieux ? Elle songe déjà à un ami qu'elle entend lui présenter et qui pourrait lui plaire. Les deux jeunes femmes ne se quittent plus. Sonia s'installe quelques jours chez son amie, pour se reconstruire suite à différents problèmes personnels.

Adélia apprend à cette même période qu'elle est enceinte et les voilà qui achètent un appartement à Ris-Orangis, (91) Essonne, tout en haut d'une tour de sept étages.

Tony dit que face à leur fenêtre de cuisine s'élève un conduit de fumée, sur un décor de champs à perte de vue. Pour eux, ce conduit n'existe pas. Il n'y a que beauté et verdure, sur lesquelles chaque jour ils posent les yeux.

Bien que dans l'urgence, c'est avec bonheur qu'ils font les travaux pour accueillir le bébé. Heureusement, ses frères et Tony les y aident. Ils constatent cependant que l'extérieur est mal fréquenté, il leur faut trouver rapidement une maison de campagne, histoire de s'isoler.

Après avoir visité des terrains à Auxerre, une région de campagne à 2 heures de route, ils deviennent les heureux propriétaires d'un immense terrain à Toucy, sur lequel ils construisent, avec l'aide de Justin, une grande maison.

Pendant ces longs travaux, une caravane, donnée par Justin et posée sur le terrain, les accueillent, sans oublier le charmant « Papy », un voisin, qui, chaque week-end, attend leur venue.

Adélia travaille toujours à l'hôpital de Versailles. La directrice de l'établissement la couvre d'attentions, appréciant à leur juste valeur son sérieux et sa volonté. Alain, bien que sans diplôme, occupe quant à lui un poste agréable de miroitier, trouvé par hasard.

3 Janvier 2013 - Juan-les-Pins - vers 2h30.

Maman ! reprend Samy, impatiente. *Raconte ! Alors moi, je suis née comment ?*

Nous sommes le 5 octobre et le jeune couple se rend à la clinique afin de vérifier la bonne santé du bébé avant son arrivée, prévue trois semaines plus tard.

Lors du règlement de la facture, Adélia oublie de signer son chèque et les revoilà donc, le 7 octobre, à retourner voir le médecin pour la signature manquante. Ils ne sont même pas encore installés dans le cabinet du médecin qu'Adélia, sans même l'avoir vu venir, se retrouve à subir de nouveaux examens…

Allongez-vous, juste pour un examen de routine et vous repartez ! lui dit le gynécologue.

Soudain, il reprend :

Parfait. Vous allez être aujourd'hui d'heureux parents.

À peine avait-il installé le monitoring sur le ventre d'Adélia, que déjà ses yeux parlaient :

Le bébé arrive ! Nous allons provoquer sa venue au monde. Surtout, sachez que c'est un gros bébé et qu'il est préférable d'agir ainsi.

Adélia est si heureuse d'offrir à Alain le plus beau cadeau qui soit : un enfant. Elle a 20 ans, lui 24. Ils filent le parfait amour depuis déjà deux ans et demi, et voilà que maintenant cet enfant vient combler leur couple.

Comme annoncé, deux heures plus tard, aux forceps, le médecin extrait un magnifique bébé.

Sa maman est alors félicitée pour le courage dont elle a fait preuve en ayant souhaité accoucher normalement, sans péridurale. Elle souhaite plus que tout au monde pouvoir apprécier l'arrivée de son enfant.

Les voilà donc devenus papa et maman d'une superbe petite fille, qu'ils nomment Samy. Elle est parfaite ! À peine deux jours de vie et déjà à l'écoute de la voix de son papa, elle se dresse sur ses avant-bras.

Il faut quand même quelques jours à Adélia et Alain pour réaliser que cette merveilleuse poupée leur appartient. Ils sont soulagés de toutes les tâches ménagères et autres par Isabelle, une amie d'Adélia rencontrée à l'école, peu après l'arrivée de Sonia. Les deux jeunes femmes ne se quittent plus et se soutiennent comme deux sœurs...

Ainsi, quel bonheur de voir entrer Isabelle dans la chambre. Adélia se met debout et tombe dans les bras de son amie. C'est plus qu'un enchantement, c'est un élan de gratitude, une stupeur, qui laisse Adélia sans voix, dans l'incapacité de montrer sa joie absolue autrement qu'en se cramponnant à son amie.

C'est une vie rêvée qui s'offre à elle à cet instant. Quelque chose de magnifique se produit en Adélia durant cette étreinte Être mère vous donne un bonheur incommensurable. Adélia transpose l'absence de sa mère sur la gratitude qu'elle a pour son amie Isabelle.

Tout est merveilleux. Une seule ombre obscurcit le tableau : son travail se situe à Versailles, à 1 h 30 de train de leur appartement. Et maintenant que bébé Samy est arrivée.

Les jours de travail sont alors soumis à un planning cruel, même si Alain s'efforce de faire ce qu'il peut.

Debout à 6 h du matin, Adélia et Alain se rendent ensuite jusqu'à l'appartement de la nounou de Samy, qu'ils déposent à 7 h précises après avoir couru en faisant bien attention de ne pas trop agiter la poussette pour ne pas la réveiller, et ce par tous les temps. Une heure plus tard, c'est le cœur gros qu'Adélia embarque dans le train direction Versailles, tandis qu'Alain part à son travail en voiture.

Tout devient difficile. Les larmes coulent sur leurs joues, ces matins, à l'aube, où ils prennent leur bébé encore endormi, et, après l'avoir bien enveloppé dans de chaudes couvertures, courent dans la nuit jusque chez la nourrice.

L'employeur d'Adélia remarque, à cette époque, chez elle, des signes psychologiques inquiétants, elle est atteinte de tocs. Sa nature extrêmement sensible entraînant des troubles chroniques et psychosomatiques ne lui permet plus de continuer son travail.

Toujours soutenue par la directrice de l'hôpital, Adélia quitte alors son poste d'infirmière et se voit offrir, à cette occasion, un examen psychotechnique qui la dirige vers une formation comptable, pour laquelle elle n'aura pas à débourser le moindre centime.

Dans ce désarroi, la force positive de pouvoir élever Samy de la meilleure des manières trouve sa place.

3 Janvier 2013 - Juan-les-Pins - vers 3h.

Anthony :

Et moi, maman ?

C'est le 13 septembre 1990, à la suite d'un accouchement des plus faciles qui soit, que nait un merveilleux poupon, le petit Anthony. Des petites joues rondes, de jolis cheveux blonds, un beau bébé. Mais dont la santé montre plusieurs signes inquiétants qu'Adélia remarque, mais qui ne sont pas pris en compte par les médecins du fait de son jeune âge.

Pourtant le bébé souffre, des signes de jaunisse

apparaissent chaque jour et Anthony perd du poids de manière régulière. Il est alors mis en couveuse pendant quelques jours. Malgré tout, à sa sortie, Adélia n'est toujours pas convaincue de sa guérison.

C'est avec acharnement qu'Adélia sauve son fils en prenant la décision de lui faire quitter la clinique. C'est ainsi qu'à la suite d'examens plus poussés dans un autre hôpital, on découvre que son estomac n'est pas assez musclé, et qu'en conséquence aucune nourriture ne peut lui être profitable.

Inquiets, Adélia et Alain signent une décharge pour pouvoir garder leur bébé auprès d'eux. De retour à la maison, afin de prévenir toute urgence, ils démontent toutes les portes, ce qui permettra d'intervenir rapidement si le bébé s'étouffe. Alain confectionne également un lit sur mesure pour Anthony. Une planche en bois orientée dans un certain angle est le seul moyen qu'ils aient trouvé pour que l'enfant dorme la tête en haut et ne vomisse plus.

C'est ainsi qu'Anthony reprend du poids et, qu'après quelques mois, tout rentre enfin dans l'ordre.

Adélia prend soin de tous les détails pour que Samy accueille son petit frère avec beaucoup de bonheur et de gentillesse et pour que les deux filles de la maison aient un bébé, elle offre à Samy un joli poupon, une table à langer, une poussette, sans oublier une tétine, et bien sûr, chacune ses couches pour qu'ensemble, elles élèvent leurs bébés.

Après son congé de maternité, Adélia reprend ses études. Cette fois, elle veut obtenir des diplômes de comptabilité, ce qui la change complètement de ses anciennes fonctions d'infirmière. Malgré ça, elle obtient après dix-sept mois d'école sept diplômes, dont certains avec mention. En fin de formation, elle effectue un stage dans un cabinet médical. L'appréciation laissée par l'employeur sur son carnet est :

« Excellente. J'embauche Adélia Martins ».

Steve *:*

Eh moi, maman ! Je suis né comment ?

L'arrivée de Steve est inattendue. Pas si simple… Adélia et Alain habitent à cette période un appartement de Ris-Orangis, de deux chambres dans lequel il serait compliqué de faire de la place à un troisième enfant. Tout se complique quand Adélia découvre sa grossesse, alors que Samy et Anthony sont respectivement âgés de 6 et 4 ans.

Pourquoi ne pas le garder ? lui dit Alain.

Comment lui trouver une place dans cet appartement déjà bien encombré ? C'est ça qui m'inquiète, lui répond Adélia.

Alain fait, à cet instant, un engagement de père ! Il tient à garder cet enfant !

Il quitte brusquement la maison en claquant la porte, laissant Adélia seule avec ses pensées qu'elle a du mal à rassembler. Jamais il n'avait agi de la sorte. Mais quelle n'est pas sa surprise quand, deux heures plus tard, Alain est de retour à ses côtés, un énorme bouquet à la main gauche et dans l'autre, la photo d'une maison neuve.

Il a trouvé la solution : celle de faire construire une maison pour sa famille.

Alain s'engage aussi à la soutenir plus que jamais dans l'éducation de leurs deux enfants, de manière à ce qu'elle puisse trouver le temps de s'occuper de ce futur bébé. Émue par cette déclaration et comblée de bonheur, Adélia accepte cette proposition avec joie.

Lorsque Steve arrive, leur appartement de Ris-Orangis est désormais vendu et la nouvelle maison, toute neuve, est prête à accueillir tous les membres de leur petite famille.

L'accouchement se déroule magnifiquement bien et le bébé se porte à merveille. De grosses joues rouges comme son frère avant lui, de beaux cheveux bruns et un sourire déjà canaille… Ça promet !

3 Janvier 2013 - Juan-les-Pins - Vers 3h30

Adélia réalise qu'elle a fini sa nouvelle toile sans même s'en être aperçue. Elle la pose à terre, prend du recul et admire ses messages avec stupéfaction. La toile dégage tout à fait la douceur qu'elle vivait à cette période auprès d'Alain et de ses enfants, dévoilant l'émotion de l'enfance et aussi la force d'une mère face à la protection de sa famille.

À cet instant, il n'y a pas une ombre de vie dans la pièce, ce qui inquiète Adélia. Elle réalise alors que les enfants ne l'écoutent plus : ils sont tous endormis.

Elle tourne la tête et constate que tous trois dorment profondément. Steve allongé et la tête posée sur les genoux de sa sœur qui, elle, s'est assoupie en reposant la sienne sur l'épaule d'Anthony. L'une de ses mains est posée délicatement sur la poitrine du plus jeune de ses deux frères.

L'image est très belle, elle lui fait penser à la tendresse intense liant frères et sœurs qu'elle partage aussi avec les siens. La force de cet amour vient compléter dans leur cœur le vide laissé par l'absence d'un parent.
Anthony remue et ouvre les paupières.

Veux-tu une tisane, Anthony ? lui propose-t-elle.
Avec plaisir. Je vais la préparer, maman, ne te dérange pas ! dit Anthony.
Laisse, ma puce, surtout ne bouge pas, vous êtes trop mignons tous les trois, je vais en profiter tout de suite pour vous prendre en photo dans cette position. J'adore !

Elle oublie sa tisane et la voilà revenue avec son bel appareil photo Canon. Adélia est passionnée depuis toujours par la photographie et sitôt qu'elle le peut, elle prend plaisir à immortaliser un moment. Elle regarde encore ses trois amours endormis se tenant les uns les autres.

Elle aurait tant aimé être auprès d'eux, mais la largeur du canapé ne le permet pas, elle se saisit alors d'une couverture moelleuse de coton blanc qu'elle retire de son lit pour les couvrir.

Ce soir-là ils resteront tous dormir à la maison comme avant…

Malgré l'heure tardive, Adélia informe par texto l'amie d'Anthony et Baptiste, le chéri de Samy, de la situation, elle sait toujours faire passer un message lorsqu'elle le désire, et c'est avec bonheur qu'immédiatement elle reçoit l'accord de chacun.

Elle s'installe ensuite dans un des rocking-chairs de la salle à manger, face à ses enfants endormis.

Cette vision des enfants lui renvoie l'image de la douceur de son enfance. Dégustant un thé à la menthe naturelle qui embaume l'ensemble de la maison, elle est bercée par chaque mouvement du rocking-chair et la voilà, bientôt, elle aussi le cœur rempli d'amour, à rejoindre les nuages.

LA NAISSANCE

Selon une legende

L'enfer est situé au Saut, une gorge serrée
où coule la rivière Sousa.

Une légende raconte qu'un chevalier poursuivi par le diable
sous la forme d'un cerf, a sauté dans l'abîme
en ce lieu précis et, en tombant invoqua
la protection de Notre Dame :

« Aide-moi Vierge Lady ! Aide-moi, je suis un pêcheur! »

Et le miracle se produisit ! Le cheval et son cavalier
atterrirent sains et saufs sur l'autre côté de la rivière en
contrebas, avec une importante dénivellation. On y voit encore
les traces des fers du cheval.
En remerciement, le chevalier construisit une petite chapelle
à la Nossa Senhora de Salto qui se trouve aujourd'hui
au pied de la falaise rocheuse.

Une autre version de cette légende prétend que l'image de
Notre Dame fut retrouvée plus tard par des enfants dans une
grotte. Transférée trois fois dans l'église,
elle se trouverait aujourd'hui dans la grotte.
Cette image fait l'objet de vénérations populaires
et religieuses le premier dimanche de mai.

CHAPITRE 5

3 Janvier 2013 - Juan-les-Pins - Vers 5h00

Boum ! Elle sursaute, sa tasse lui échappe des mains et tombe sur le sol, par bonheur, la moquette atténue en grande partie le bruit de l'impact et évite de la briser. Même les enfants ne se sont pas réveillés. Après l'avoir ramassée, elle pose sa tasse sur la table basse de marbre face à eux, éteint la lumière et se rassied sur le rocking-chair pour se rendormir auprès de ses enfants.

Après avoir vécu une première histoire d'amour idyllique comme elle en a le secret, une fois celle-ci interrompue non pas parce que son ami François l'avait souhaité, mais juste par peur de ne pas la mériter, cette certitude est si solidement ancrée en elle qu'elle attend aujourd'hui inconsciemment sa finalité fatale, comme par habitude, comme un traumatisme de l'abandon.

Ses blessures se dénoueront sitôt qu'elle saura en percer les messages.

La semaine dernière, elle a fini une toile qui lui a transmis une multitude d'informations afin, qu'en douceur, elle puisse accepter ses attitudes passées.
Pour enfin tout pardonner…

Pour bien maitriser sa vie de femme, elle doit comprendre sa vie de cœur.
Voilà cinq ans qu'elle s'applique à faire de sa vie douceur et passion, pourtant…

Le samedi 3 juillet 2014 le jour, n'était pas encore levé et le message lui vint de l'au-delà.

« **Les Mystères du pinceau de l'âme** » : ce sera le titre de son roman.

La voilà enfin dans les songes de sa vie...

1994 - Aubigny.

Les voilà tous les cinq partis habiter dans leur maison neuve à Aubigny, un joli petit village situé à six kilomètres de Melun, en Seine-et-Marne. Malgré les éloges de son employeur, elle quitte son emploi de comptable, trop éloigné, pour se consacrer à sa famille.

Le rêve d'Alain se réalise : leur maison, grande et magnifique, est implantée sur un beau terrain, avec un garage attenant. Adélia aurait préféré la ville, mais Alain adore la campagne.

C'est un village charmant, peut-être trop calme au goût d'Adélia, avec une jolie église, une mairie et surtout une grande école.

Voilà un an qu'ils y habitent, elle ne s'y est toujours pas adaptée, mais Alain et les enfants y sont heureux. Pour compléter leurs revenus dans l'attente du bon fonctionnement de l'entreprise qu'ils viennent de créer, elle garde un bébé de l'âge de Steve.

Six mois après, leur société est un succès.

Alors qu'elle pense leur bonheur total, Alain lui suggère, contre toute attente, de fermer cette société et de vendre leur maison afin de repartir dans un appartement pour retrouver leur vie d'avant.

Il est vrai qu'ils travaillent beaucoup et qu'ils ne sont pas partis en vacances depuis deux ans, ni même dans leur maison de campagne. Mais tout de même !

Adélia estime que c'est le prix à payer pendant quelque temps, pour pouvoir, ensuite, vivre à pleins poumons, et puis tout n'est pas si noir, leurs enfants vivent dans une belle maison dans un village sécurisé, l'entreprise va bien et même si elle ne s'est toujours pas adaptée à ce nouvel environnement, il n'est pas question d'abandonner !

Partons, Adélia, et reprenons un appartement, nous

revivrons comme avant, lui dit Alain.

Ce n'est pas ce que je souhaite pour les enfants, s'exclame-t-elle dans un excès de colère impuissante en lui lançant un regard tourmenté, ses épaules s'affaissant devant ces propos tel une audience.

Je sais, reconnaît-il.

Bien qu'elle comprenne son déchirement, elle se tait. D'une voix sourde, comme s'il réfléchissait tout haut en regardant l'ongle de son pouce qui joue sur la toile de sa veste, Alain lui dit :

C'est difficile. Vous êtes ma famille et dans ce cas-là on s'imagine unis.

Adélia :

Puis on se rend compte que ce sont des pensées égoïstes et qu'on ne doit pas compter sur les autres pour être heureux, mais quand même c'est dur de renoncer à ses rêves. Moi, je me suis battue pour mettre ma famille à l'abri donc je n'arrête rien. Toi, si tu le veux, pars !

Bien sûr, acquiesce Alain.

Elle pose la main sur son bras nu, Alain la recouvre de la sienne, la caressant délicatement et elle lui dit :

Alain les enfants sont tous dans notre lit à regarder la télévision, ce serait le moment de leur faire part de notre séparation pour qu'ils puissent choisir avec lequel d'entre nous ils préfèreraient vivre.

Tu as raison, c'est le bon moment, répond Alain.

Ils s'emparent de bonbons posés dans la cuisine et rejoignent les enfants, ils s'allongent de part et d'autre du lit. Adélia prend Steve dans ses bras, Samy prend place sur les genoux de son père et Anthony se glisse entre ses deux parents.

Adélia et Alain leur racontent que leurs parents vont divorcer, les visages des trois enfants se défont, et tous se blottissent encore plus fort contre leurs parents.

Adélia reprend son souffle et leur dit :

Les enfants, dites-nous avec qui vous voudriez vivre ? Papa ou maman, sachez que quel que soit votre réponse nous comprendrons.

Samy porte la main à la joue de son papa et lui dit :

Tu sais, papa, on t'aime très fort, mais nous voulons rester vivre avec maman, tu n'es pas triste n'est-ce-pas ?

Alain regarde ses trois enfants et leur dit :

Je vous aime tous très fort et je comprends, c'est votre maman.

Adélia ne peut retenir ses larmes de joie confondues à la peine de voir sa famille si malheureuse. Alain et Adélia se lèvent et retournent à la cuisine pour continuer leur conversation.

Alain lui demande :

Quand dois-je partir ?

Dès que l'on t'aura trouvé un appartement, notre séparation officielle sera effective ces prochains jours et notre divorce sera lancé.

Il ne semblait toujours pas convaincu.

Oh, Adélia.

Elle le touche à nouveau et se ravise aussitôt. Il poursuit :

Allons fêter cela en déjeunant dans un bon resto.

Surtout ,pour fêter notre belle vie de couple passée ensemble, offrons nous un bijou, qu'en penses-tu ? lui suggère alors sa femme.

Bonne idée, Adélia. Allons-y immédiatement !

Il sort la voiture et, comme le premier jour de leur rencontre, fait acte de galanterie.

Dehors, quelques éclats de lumière percent la nuit. Au-dessus d'eux, une poignée d'étoiles se dispersent dans le ciel. La lune est loin d'être pleine.

Tu vois, Alain, une demi-lune pas pleine du tout.

Tous deux baissent leur vitre pour laisser entrer l'air de la nuit printanière. Adélia glisse dans son siège les yeux fermés. Au bout d'un moment, elles les ouvrent pour regarder son compagnon, elle peut l'observer à son insu, elle ne le reconnait pas.

L'air porte des parfums de verdure, d'humidité nocturne et de chemin de terre poussiéreux. Par moment s'y ajoute des effluves du parfum d'Adélia : une senteur subtile qu'il n'arrive pas à saisir. Ils perçoivent tous les bruits de la nuit, dont les bruissements du vent.

Alain :

Je croyais que nous nous entendions à merveille.

Oui, bien sûr, mais aujourd'hui je ne peux pas retirer ce confort à nos enfants.

Si elle parvient à maintenir cet équilibre de vie, elle est convaincue que leur avenir est assuré.

Oui , mais que fais-tu du nôtre ? lui rétorque Alain.

C'est drôle, n'est-ce-pas, comme la vie arrive à user notre patience au travers des choses les plus subtiles, se contente

de répondre Adélia. *Aujourd'hui Alain notre regard ne va plus dans le même sens et cela nous nous devons de le respecter.*
Moi , je veux vivre ! s'exclame-t-il alors.

L'allusion jette un froid. Abasourdie, Adélia parvient cependant à rassembler ses esprits :

Avec ou sans toi, j'apporterai aux enfants les moyens nécessaires pour préparer leur avenir et faire en sorte qu'ils soient le plus épanouis possible, le travail ne me fait pas peur.

Elle enchaîne :

Je peux te poser une question ?
À quel propos ?
Toi et les enfants.
Non...
Mais je...
Non.

Elle lui jette un regard rancunier, mais il ne la regarde pas.

C'est ça, fais ta mauvaise tête, songe-telle en resserrant les mains entre ses cuisses.
De toute façon, nous savons tous les deux que je devrai me débrouiller toute seule pour l'ensemble de notre vie future aux enfants à moi.

Un divorce bien engagé...

Le temps passe et, bien sûr, chaque chose prend sa place, avec tous ces soucis.

Pour maintenir un équilibre personnel, Adélia tente de retenir le positif de sa vie de couple. Avoir eu trois superbes enfants. Au moins, elle n'a pas perdu son temps. Il lui faut garder la tête haute et entretenir son image, pense-t-elle. Autant pour maintenir son travail que pour permettre aux enfants de ne pas trop sombrer.

Les journées deviennent trop courtes et ne lui permettent plus de maintenir une harmonie, que ce soit dans sa vie de mère ou sa vie professionnelle.

Adélia s'efforce alors de faire de chaque jour une fête, afin que les enfants ne puissent pas trop penser à l'absence de leur père… Mais seule et la fatigue aidant, les enfants lui semblent devenir difficiles et pinailleurs à tout propos, surtout depuis le départ d'Alain.

Elle tente malgré tout de maintenir le cap pour atteindre la promesse qu'elle s'est faite : « Réussir à les rendre heureux et épanouis même sans sa présence ».

Peut-être souffrent-ils du manque d'attention de leur père à leur égard, se demande-t-elle.
Et, sans doute n'est-elle pas la meilleure des mères au monde. Mais zut, elle fait de son mieux ! Adélia a désormais acquis quelques nouveaux sens mystérieux, car elle ressent dans son corps un certain message qui l'informe toutes les fois où un danger les guette. Au fil du temps, elle n'hésite pas à demander aux enfants de veiller à telle ou telle choses. Ses messages s'avérant le plus souvent justes, ces derniers sitôt inquiets prennent alors l'habitude de demander à leur mère son ressenti…

Voilà maintenant quelques mois qu'Alain est parti. Depuis son départ, Adélia s'est progressivement épuisée de peine. C'est pourquoi elle décide aujourd'hui de prendre en main sa vie de femme !

Elle réunit ses trois enfants autour de belles gaufres, cuisinées la nuit même.

Voilà, les enfants, maintenant, il va falloir aider maman.
Samy, tu dresseras la table.
Anthony, tu la débarrasseras.
Steve, tu nourriras les animaux et rangeras dorénavant toutes tes affaires. Ces tâches ménagères devront être exécutées, sous peine d'interdiction de sortie.

Et papa, il ne nous aidera plus ? demande Samy.

Il reste votre père, mais il ne vit plus à la maison : maintenant, lorsqu'il viendra nous rendre visite, il devra sonner avant d'entrer !

Un divorce, même bien préparé comme le leur, reste un divorce et la souffrance qui l'entoure est destructrice. La sensibilité d'Adélia fait que chaque vilain mot de la part de son mari, même dit sous l'effet du chagrin, la brise autant de fois qu'il résonne ensuite dans sa tête.

Je ne peux accepter. Je ne lui reproche pas le fait de refaire sa vie, mais moi aussi j'en ai le droit. Je me suis tenue mais maintenant, la coupe est pleine ! Ce soir, il a encore gâché notre plaisir de diner ensemble. Est-ce que moi, je le dérange dans sa vie ? Alors je vous le demande, qui est mesquin dans l'histoire ?

Samy pousse un soupir et caresse la main d'Adélia, posée sur la table, en disant :

J'y pense depuis ce premier dimanche où il est venu nous présenter sa nouvelle amie, Cathy, dit Samy. *Tu les as invités à entrer ensemble et à se joindre à nous.*

Elle s'adresse ensuite à ses frères :

Je sais que maman a raison.

Et en plus, il veut vivre avec Cathy, souffle Steve, les yeux humides.

Tu sais, il est gentil avec nous, dit Anthony.

Bien sûr, les enfants, acquiesce Adélia, *mais la question n'est pas là.*

Adélia décide alors de tout mettre en œuvre pour permettre à chacun de trouver sa place et d'aider l'autre à prendre ses repères. Sans en avoir l'air, elle organise une réunion de famille.

Les enfants proposent à leur père de l'accompagner pour l'achat de nouveaux meubles pour venir garnir son nouvel appartement. Alain est heureux de voir l'attention dont ses enfants font preuve à son égard et enfin, chacun a le cœur léger.

Dès le lendemain, Alain arrive pour entrer chez eux lorsqu'il se heurte à une porte close, ce qui le frustre énormément. Elle est sa femme et ce sont ses enfants ! Face à l'ambiance qui règne dans le jardin, dans lequel les enfants se préparent pour rejoindre leur père, il oublie l'affront de la porte.

L'orgueil de ne pas chavirer donne à Adélia une force d'organisation impressionnante.

Elle vit sous le rythme effréné d'une femme seule, avec trois jeunes enfants : entretien du jardin, de la maison, des repas, des animaux, et bien sûr, des enfants.

De plus, pour maintenir l'équilibre de l'entreprise, elle tient la société d'une main de fer. C'est elle qui reçoit les salariés, organise le planning, fixe les rendez-vous aux clients après leur avoir établi un devis par téléphone, suit les fournisseurs, édite les factures, gère la comptabilité, et répond au téléphone 24h/24 et 7j/7. Ce travail de chef d'entreprise est prenant, mais il est également la force et le fruit de son équilibre.

La nostalgie accomplit son œuvre dans son sommeil. Si, dans cette sourde mélancolie que sont ses instants de lucidité et de souvenirs perdus, la souffrance des moments d'abandon prend le trait sur Adélia et la pousse à se demander où est sa place, où est donc sa vie ?

A son réveil, le soleil qu'elle ne voyait plus parait l'éblouir. Tout autour d'elle n'est que douceur et tendresse. Elle décide à cet instant présent de prendre son avenir en main.

Le Divorce

Deux enfants, Alain et Adèlia face à la barre du tribunal pour s'entendre dire ces mots terribles :

Vous êtes divorcés !

Main dans la main, l'ex-couple descend les marches du tribunal de Melun.

Le cœur battant et les yeux humides, ils admettent leur divorce et en acceptent toutes les conditions.

Adélia a souhaité qu'aucune somme ne soit demandée à Alain pour l'entretien des enfants et le juge décide de l'inviter à payer le minimum fixé par la loi.

Pour Adélia, le seul bonheur est de pouvoir garder ses enfants auprès d'elle.

À l'extérieur du tribunal, c'est sur une marche qu'ils s'assoient.

Les bras enlacés à frémir de peine, ils restent assis durant de longues minutes à contempler le sol de béton face à eux. Un chat roux les sort de leurs pensées en se couchant sur la main gauche d'Adélia, posée sur une marche qui la tient ainsi pour ne pas que tout son corps s'effondre.

Adélia regarde ce chat qui dégage tant de gentillesse et prend conscience que si elle ne peut rendre Alain heureux, sa vie ne s'arrête pas là.

Puis, chacun son chemin, chacun son destin...

Chacun prend sa route avec toutes ses certitudes. Lui, qu'il va pouvoir vivre sa vie et elle, qu'elle sera en mesure de faire face aux besoins croissants de ses enfants.

Le lendemain, elle informe quelques clients que la société a fermé pour cause de divorce.

C'est avec un bonheur incommensurable qu'elle s'entend dire par ses clients :

C'est impossible ! Remontez une société ! Et avec votre sérieux et notre soutien, même sans argent vous réussirez. Nous sommes à vos côtés et les amis sont là pour cela, non ?

Elle est comme dans un tunnel dans lequel le jour ne perce pas.

Cette gentillesse est aussi inattendue qu'émouvante.

Elle allait pouvoir tout assumer ! Le prêt important de la maison, les besoins des enfants.

C'est comme un cadeau du ciel. Les clients lui tendent la main, sans la connaître physiquement. Juste entendre sa voix au téléphone, sa gentillesse et sa sensibilité qui ont fait que souvent elle les a aidés, voilà ce qui en découle aujourd'hui : un soutien sans nom.

Ils ont entendu la profonde inquiétude dans sa voix.

Comment pourrait-elle ne pas accepter ?

Immédiatement, elle recrée une entreprise et la voilà sur les rails. Deux semaines plus tard, elle reprend son travail en main comme si rien ne s'était jamais produit.

Une dure réalité

Le temps du voyage fut long pour accepter le divorce et ses bagages.

Adélia prend cette décision, car il faut un dénouement à cette histoire.

Elle espère qu'ils poursuivront leur rôle de parents main dans la main.

Même si la tempête a fait chavirer leur mariage, à force d'intelligence, d'indulgence et de patience, elle tente de toutes ses forces de faire que cet homme reste l'idole de leurs trois enfants. Elle tente de garder à tout prix de bonnes relations avec Alain pour qu'ensemble ils puissent accompagner les enfants dans cette voie devenue sinueuse.

Mais fatalement, trop de petits accrocs finissent par avoir raison des bonnes résolutions et le couple en arrive, hélas, à la déchirure.

UNE DIVISION INDISSOCIABLE

Paris by night

Ce week-end, Isabelle, la marraine d'Anthony, est là pour garder les enfants, qui sont à la fête toutes les fois où elle pointe le bout de son nez.

Adélia et Adélaïde se préparent pour aller danser à Paris, dans un club sur les Champs-Élysées, un lieu de prédilection pour elles. C'est toujours la grande joie que de partager des moments de complicité avec Adélaïde comme dans leurs jeunes années.

Après avoir partagé un verre de champagne avec Isabelle, la plus sage des trois, et lui avoir donné toutes les consignes, . voilà les deux copines, à bord de la voiture de sport d'Adélia, une Porsche Boxster grise en intérieur cuir rouge. Les cheveux au vent, que du bonheur, imaginez deux gamines dans un jouet !

Une heure plus, tard à Paris

Elle gare la voiture sur la belle allée des Champs- Èlysées, à proximité du club.

La musique qui s'en échappe se dirige vers elles comme une invitation et déjà, l'ambiance est donnée.

La sélection des clients et la sécurité sont stricte ce qui permet une certaine ivresse de jeux possible.

Après avoir payé l'entrée puis mis leurs affaires au vestiaire, un escalier les conduit à l'immense salle de danse où les fuseaux de lumières vous éblouissent dans la pénombre.

La piste est surplombée d'une estrade qui fait face au bar et où différents petits salons privés se divisent.

Puis une hôtesse vous accompagne jusqu'à votre table. Vous êtes à peine assis que déjà une consommation vous est offerte.

Voilà déjà quelque temps qu'Alain a quitté la maison et Adélia a le sentiment que le destin ne l'avait pas emmenée là par hasard, ce soir-là.

Pas simplement pour se distraire avec Adélaïde, comme à

leur habitude, mais également pour y rencontrer Yves.

Adélia, en croisant le regard de cet homme déjà rencontré en ce lieu, commence à rêver…

Ciel, qu'est-elle en train d'inventer ?

Yves n'a de cesse que de la scruter du regard, jusqu'à l'inviter à danser ou encore à partager un verre toutes les fois où il le peut. Choses qu'elle a toujours refusées au point de lui dire *surtout ne perdez pas votre temps.*

Depuis sa séparation, Adélia n'a de cesse que de culpabiliser d'avoir divorcé et séparé les enfants de leur père, mais comment faire puisqu'il voulait vivre sa vie !

Ce soir-là, elle jette ses idées à la corbeille et décide que maintenant ce sera différent.

Alors qu'elles sont assises à boire leurs consommations dans une excitation délirante comme toutes les fois où elles peuvent s'échapper de leurs vies familiales respectives, Yves accompagné de son ami Philippe s'approche d'elles, pour les inviter à danser. Philippe invite Adélaïde, ce qu'elle accepte volontiers. Yves s'approche doucement d'Adélia, comme sur la pointe des pieds.

Adélia : *Je vous ai déjà dit…*

Yves : *Je me présente, Yves, je vous prie de m'accorder une seule danse, et ensuite je vous laisse tranquille ! Juste une ! S'il vous plait.*

Voyez nos amis, ils dansent et ce n'est pas dangereux.

Adélia : *Juste une !*

Yves : *Promis.* Il a des yeux aussi inquisiteurs que tristes.

Les voilà tous deux enlacés et pourtant distants de leurs corps, dansant ce premier slow.

Il se présente, lui dévoile sa vie, ses passions, et son travail.

Un parfum émane de lui. C'est alors qu'Adélia, suivant les pas de danse de son cavalier, constate que le slow n'est pas l'épreuve qu'elle redoutait, mais une expérience pleinement agréable.

Mêler sa voix à celle de Yves pour pouvoir s'entendre. Ses mains, d'une grande délicatesse, lui frôlent les hanches.

Son timbre de voix, et même son corps contre le sien lui font remarquer que cet état lui manquait. Un désir fou d'embrasser Adélia envahit Yves.

Quelle serait sa réaction ? À peine se pose-il la question qu'il se rappelle qui elle est, pour avoir scruté tous ses mouvements et le sérieux qu'elle dégage, toutes les fois où elle a pu être, les mêmes soirs que lui, dans ce club.

Donc s'il veut avoir une chance avec elle, s'il veut qu'elle soit confiante, il lui faut être patient. À la fin du slow, comme promis, Yves se détache de la jeune femme, lui tient la main jusqu'à la banquette qui l'attend, où Adélaïde est assise avec Philippe et où quatre verres de cocktails sont déjà servis.

Les voilà par la force des choses assis l'un à côté de l'autre.

Adélia apprécie qu'il n'ait pas poussé la curiosité à son sujet, allant même jusqu'à ne pas lui demander son prénom.

Ce soir, ils n'ont échangé que quelques mots et juste de timides regards, mais qui déjà en disaient long.

La soirée arrive à sa fin et Adélia souhaite retrouver ses enfants.

Elles sont raccompagnées jusqu'à leur voiture par ces deux hommes galants rencontrés ce soir-là.

La belle voiture décapotée roule à vive allure en direction de Melun.

Dans l'habitacle, les questions fusent.

Adélia : *Alors, qu'en penses-tu de ces garçons ?*

Adélaïde *Sympa, ce Yves est drôlement beau garçon et en plus il n'a d'yeux que pour toi.*

Adélia: *Oui, moi aussi je le trouve très bien et j'ai aimé voir la complicité qu'il a avec son ami Philippe.*

Adélaïde : *Philippe m'a dit que Yves l'avait supplié pour qu'il l'accompagne ce soir, en espérant que tu serais présente, donc son souhait s'est réalisé, dit* Adélaïde avec un sourire éclatant.

Adélia est comme captivée par cette belle nuit, vibrante des souvenirs de la soirée qui hantent sa mémoire.

Deux jours après, Yves demande à sa secrétaire d'obtenir l'adresse d'Adélia pour lui envoyer des fleurs.

Deux heures après, c'est un énorme bouquet de fleurs, si grand et si coloré qu'il ne passe pas la porte. Lors de sa livraison, il lui a fallu ouvrir la porte-fenêtre de la salle à manger pour pouvoir le rentrer.

Une fois posé sur sa table ronde de la salle à manger, il est à couper le souffle.

Une carte, agrafée au pot de terre qui recevait ce magnifique bouquet, tombe sur le sol.

Adélia la ramasse et le lit : *Je t'offre mon amour sans limites .*

Avec une date et une adresse.

Ce moment reste marqué pour toujours dans le cœur d'Adélia et toutes les fois où la culpabilité l'envahit, l'image de ce bouquet lui revient comme par magie.

Elle se dit qu'elle doit être une femme exceptionnelle pour qu'un homme aussi beau lui porte autant d'attention.

Après avoir consulté Adélaïde, sa complice de toujours, elle décide d'accepter le rendez-vous, mais de s'y rendre accompagnée, car elle ne peut oublier le fait qu'il reste un inconnu.

Une semaine plus tard…

Nos deux complices de toujours se rendent au rendez-vous. Alors qu'ils se rencontrent à Paris, elle s'aperçoit qu'ils travaillent l'un près de l'autre.

La Mercedes d'Adélia est si large qu'elle ne rentre pas dans ce chemin indiqué par le GPS.

Alors qu'elles se croyaient perdues, là, devant elles, Yves ! Debout à attendre, comme s'il avait la certitude qu'elle viendrait à ce rendez-vous.

Yves : *Tu n'es pas toute seule !* lui dit-il surpris.

Adélia : *Non, je ne te présente pas ma belle-sœur ?*

Yves : *Absolument pas, Madame,* lui dit-il en ouvrant la portière, sans oublier de la prendre par la main pour l'aider à en sortir.

Yves : *Je n'avais pas l'intention de vous mordre, Madame, vous auriez pu venir seule même si je suis ravi de revoir* Adélaïde.

Après un salut par un baiser tout à fait distant, il accompagne les deux jeunes femmes à sa magnifique voiture Opel Omega grise garée à la bonne adresse. Il les invite à monter, pour aller boire un verre suivi d'un diner dans un restaurant de renom à Paris.

La voiture file vers Paris où ils passent une bonne soirée.

Sur le chemin du retour, tous deux assis à l'avant sans se regarder ressentent la même sensation délicate qu'à l'aurore de leur rencontre. Ils ont pleinement conscience du bouleversement que déclenchent en eux leurs familiarités croissantes. Voilà Yves qui s'engage en direction du Perreux-sur-Marne, chez lui, où il les invite à prendre un dernier verre.

Adélia est curieuse de savoir qui il est, s'il vit seul. A t-il des enfants ? Et quels sont ses goûts ? Ses passions ? Elle pense que la maison reflète notre cœur.

Trente minutes plus tard...

Yves gare la voiture sur le parking d'un sublime petit immeuble de pierre, dont les murs sont couverts de lierre.

Il les invite à le suivre et tous les trois font face à un ascenseur qui les monte à un palier privé, s'ouvrant sur une énorme porte en chêne.

À peine ouvre-t-il la porte d'entrée, qu'elles sont éblouies par tant de beauté.

C'est magique, comme dans un film...

Il les invite à s'asseoir dans le salon où se dressent deux fauteuils de cuir, faisant face à un vidéoprojecteur qui diffuse déjà une musique d'ambiance dans tout l'appartement.

Les deux femmes ont les yeux qui brillent. À peine ont-elles réalisé, que Yves apporte un plateau où se tiennent trois tasses de thé, sucre et chocolats de toutes sortes.

Décidément cet homme est parfait.

Après avoir posé son plateau sur une magnifique table basse de marbre, il s'approche d'Adélia, s'accroupit à ses côtés, pose sa main sur son épaule droite et, tout en la caressant, lui murmure au creux de l'oreille :

Quel chanteur, vous serait-il agréable d'entendre ?
Adélia : *Ray Charles,* lui murmure-t-elle à son tour.

En quelques secondes, juste avec une télécommande, la musique choisie est lancée.

La lumière tamisée laisse place à une ambiance toute particulière.

Après que chacun a bu son thé sans dire un mot, il leur demande de choisir un film, parmi des centaines posées sur une très longue étagère au-dessous du projecteur. Adélia de son index, pointe le film Ghost, et aussitôt, le voilà sur l'écran.

Peu de temps après le début de la projection, chacune sur son fauteuil respectif trouve le sommeil.

Au milieu de la nuit, une lueur extérieure traversant la pièce sort Adélia du sommeil. Elle ouvre les yeux et là, devant elle, Adélaïde dort sur son fauteuil de cuir noir, affalée sur son accoudoir.

Yves se lève du canapé, prend la main d'Adélia, la prie de l'accompagner sur le canapé et la fait asseoir près de lui.

Ses bras enlaçant ses épaules mettent Adélia en totale sécurité, ce qu'elle n'avait pas ressenti depuis longtemps.

Lui n'avait pas voulu fermer les yeux de peur que cela ne soit que mirage.

Le matin vers 10h.

À peine ouvre-t-elle les yeux que, délicatement, il écarte ses bras pour encore plus l'envelopper, ce qui, par la même occasion, réveille Adélaïde.

Il se détache d'Adélia et va dans la cuisine.

Pas mal, ce mec, quand on voit toute l'attention qu'il te porte, mais quand même bizarre, dit à voix basse Adélaïde à Adélia.

Adélia lui confie ce que lui a dit Yves cette nuit-là.

Il m'a dit que bien que sa vie soit accomplie, il lui manque l'essentiel : une femme qui la remplirait de joie et departage. Sa conviction est que notre rencontre doit être consommée et qu'ensuite, le ciel saura.

Que s'il lui faut attendre dix ans pour me séduire il attendra.

Depuis que Yves à aperçu Adélia sans rien connaître d'elle, elle est comme une empreinte gravée en lui. Il ne sait par quel mystère, mais il ne peut l'ôter de son esprit.

Adélaide : *Quand on a tout : être bel homme, une société, un bel appartement, une belle voiture et que l'on a divorcé avec un fils dont son ex-femme s'occupe, pourquoi s'attarder avec une femme comme toi ?*

Tu as ton divorce, ta société et tes enfants qui t'envahissent, lui dit-elle.

Alors qu'Adélia est troublée par ces propos, Adélaïde insiste :

Je veux dire que lui, il peut vivre tranquille et même partir dans le monde entier en vacances, avec toutes les femmes à ses pieds et que toi, avec les mômes et ta société à faire tourner, c'est quand même autre chose.

Adélia pense qu'elle a raison, pourtant, sans savoir pourquoi ni comment, leur histoire idyllique commence là.

Ils raccompagnent Adélaïde chez elle, où les enfants et Manu l'attendent.

Adélia présente Yves à son frère Manu, qui par un clin d'œil approuve.

Ils repartent tous les deux, seuls cette fois, en direction de la voiture d'Adélia.

Yves, nullement pressé, longe l'avenue déserte à douce allure.

Le feu rouge leur accorde un sursis prolongé.

La pluie tambourine à présent sur le toit et dégouline sur le pare-brise et tous deux continuent de lutter contre l'attrait charnel qui les a harcelés, déjà depuis le jour de leur rencontre.

Adélia regarde Yves, qui à son tour la dévisage.

Adélia : *Ton ex-femme va apprendre, certainement, que nous sommes ensemble !*
Yves : *Oui ! Et elle saura aussi que j'ai rencontré la femme qui, désormais, partage ma vie.*

Elle tourne le visage vers la vitre.
Adélia s'abime dans le froid silence. La pluie tombe de plus en plus fort.
Dans l'habitacle, l'atmosphère devient pesante à mesure qu'on se rapproche de l'arrivée.
Elle lui jette un coup d'œil furtif, mais sans protester, il éteint ses phares et coupe le moteur.
Ils restent immobiles dans la voiture presque sombre et chaude sous le martèlement de la pluie. Les éclairs se déchaînent autour d'eux.
Les roulements de tonnerre redoublent et eux ne trouvent plus rien à dire. La buée commence à envahir les vitres.
Ils connaissent tous les deux la frustration grandissante chez l'autre.
Adélia explose subitement :

Ècoute, Yves, c'est complètement ridicule ! Je suis adulte et séparée de mon mari qui, d'ailleurs, a refait sa vie et j'agis avec toi comme une gamine.
Yves : *Bien sûr, tu es âgée de dix ans de moins que moi et je te fais peur par mes engagements.*
Adélia : *Je suis sérieuse. Simplement, ne dis à personne que j'ai fait ça !*

Elle se jette sur lui pour l'embrasser presque de force. Sous l'effet de la surprise, il s'abandonne, et elle en profite sans limites.
Ce fut un baiser impulsif, franc, partagé.
Quand Adélia s'écarte, Yves la resserre par la taille, les mains glissées sous son grand tee-shirt, peut-être pour l'empêcher de s'écraser complètement contre lui.
C'est pour t'avoir toujours repoussé, dit-elle en souriant dans la pénombre.

Considère que ce qui vient de se passer est entièrement de mon fait, ajoute-t-elle, *je te dégage de toute responsabilité.*

Et de nouveau elle l'embrasse.

Adélia regarde les pourtours éclairés, *il est tard et les enfants doivent s'impatienter,* dit Yves d'une voix sourde.

Sans un mot, elle détache sa ceinture quand Yves lui attrape le bras et l'embrasse dans une brève étreinte.

Elle goûte fugitivement la sensation de son corps contre le sien, le contact de ses lèvres près des siennes où il lui fait d'une extrême douceur, un dernier baiser.

Il sort de la voiture, sitôt qu'elle prend ses clefs, pour déjà ouvrir sa Mercedes.

Elle ouvre doucement la portière et s'engouffre dans la Mercedes déjà porte ouverte, tenue par Yves, trempé.

Sourdement, instinctivement, ils s'efforcent d'ériger des frontières, tous deux, sans doute, nient ce qui se produit...

Chacun de son côté à rêver de l'autre et du seul fait qu'un jour, ce soit possible.

Adélia invite Yves chez elle et souhaite le présenter à sa famille.

Le samedi matin suivant à Aubigny

La rosée a éparpillé ses diamants sur l'herbe du jardin de la villa.

Les arbres étincellent de gouttes matinales. Elle essaie de fixer le cercle orange du soleil qui commence à apparaître au-dessus du poirier, mais, au bout d'un moment, l'éblouissement l'oblige à fermer les yeux, puis à quitter son poste d'observation, pour reprendre la direction de la maison.

Débout, un bouquet de fleurs à la main devant le portail d'entrée de la maison, Yves la fixe d'un regard tendre.

Adélia lui dit avec une franchise déconcertante :

Le rendez-vous n'est fixé que pour 11 h !

Finalement, il baisse les yeux et sourit du coin des lèvres dans un salut silencieux.

Elle lui rend son sourir et, simultanément, éprouve au fond d'elle un pincement particulier, comme un signe.

Un homme ! se dit-elle. *Tu n'y pense pas* ! Comment va réagir Alain !

Mais la façon qu'il a de la regarder la rend consciente de ses jambes nues et du faible rempart que représente le peu d'étoffe qui la couvre.

Elle reporte son attention sur les cris de Gigi, sa belle-sœur, qui tente de faire asseoir Steve qui n'est toujours pas installé sur sa chaise haute, empêchant les autres de prendre leur petit déjeuner.

Justin et Gigi sont venus pour l'occasion, rencontrer son nouveau petit ami, Yves.

Entre Yves, désires-tu un café ? lui crie Justin depuis la cuisine.

Il découvre sa famille : Samy âgée de 9 ans, Anthony 7 ans et Steve, 3 ans.

Newton, le labrador noir ; Rambaud, le chat angora et les poissons rouges.

Après qu'Anthony a eu fini de prendre son petit déjeuner et alors que sa mère s'habille, il accompagne Yves, dans la visite de la maison.

Adélia est prête, elle sort de la salle de bains jette un regard à Justin et Gigi sans dire un mot, son cœur bat la chamade à tout rompre.

À la fin du repas les hommes se sont assis autour d'un café et les filles s'activent à préparer la table pour la suite, quand elles sont happées par la voix de Yves qui, très fort, crie :

Chanson, Samy ! C'est parti, Samy ! lance Yves, en commençant à mimer les mots de la chanson.

Dès que le rythme s'installe et qu'elle se saisit du micro, elle a, sur le champ, tous les cœurs captivés présents.

Après avoir couvert les premières mesures, les applaudissements s'apaisent et la famille s'unit spontanément à l'admirer, sans cesser de lui offrir ses visages ravis.

Samy a passé le message qu'elle et ses frères acceptent que leur maman soit heureuse et refasse sa vie.

Ses petites sandales à nouveau plantées sur la scène, aussi écartées que lui permet l'étroitesse de sa robe, elle marque le rythme de sa jambe droite, pour sa chanson d'amour dédiée à sa mère. Elle oublie son père pour ne faire qu'un avec ses frères, elle use de ses mains et de ses petits ongles, comme une fée qui procède à un miracle de désenvoutement.

Doté d'un sens théâtral inné, Anthony mime la chanson en se balançant contre Steve sur le canapé qui fait face à l'estrade où se tient Samy.

Il joue avec son public comme un acteur dose les regards qui font croire, à chaque spectateur, qu'il ne mime la chanson que pour lui.

Soudain, Gigi et Justin se mettent à danser ensemble, au pied de la scène. Adélia et Yves les rejoignent, les mains enlacées et tous les quatre sourient.

Anthony pointe l'index en direction de sa mère dans sa robe en satin, , puis en direction de Steve, puis vers chaque personne présente. Pour finir par dire :

Que maman soit heureuse, c'est tout !

Samy promène sur tous la promesse de ses yeux brillants.

Quand la chanson s'achève, toute la famille et Yves applaudissent à tout rompre.

Anthony siffle, les doigts entre les lèvres.

Steve hurle : *Super, grande sœur !*

Adélia et Yves reçoivent les congratulations de ceux qui les entourent.

Gigi n'a pas oublié de guider Adélia :

Allez, il faut aller de l'avant, tes enfants ont besoin de quelqu'un qui t'aide à les élever. Pour le reste je vais te dire, c'est le problème d'Alain, pas le tien ni le nôtre, et tu ne dois pas gâcher cette rencontre. Passe à autre chose.

Nous te prions de reprendre le dessus et d'apprécier l'attention de cet homme que tu nous présentes aujourd'hui. Nous sommes si heureux que tu puisses refaire ta vie, lui dit Justin.

Après avoir salué l'assemblée, Samy cherche le regard d'Adélia.

Dans son fauteuil, Adélia applaudit fougueusement et Samy est particulièrement émue par la fierté qui irradie de sa mère.

La nuit tombée, Yves prend la main d'Adélia et lui dit en regardant le ciel :

Quand elle apparaîtra ce ne sera qu'une demi-lune.
Adélia : *Tu en es sûr ?*
Yves : *Alors ce doit être autre chose qui me travaille.*

Adélia lui lance un autre regard, plus long cette fois.

Il l'observe du coin de l'œil, l'air à moitié intéressé, détendu. Toute son attitude exprime le total bien-être.

La tenue vestimentaire de Yves est parfaitement à son goût : un pantalon kaki, des mocassins noirs vernis, une chemise blanche de soie sur laquelle se tiennent des bretelles gris souris ponctué de points rouges et sur l'épaule une veste bleu nuit. Il est rasé et sent bon.

Adélia : *Tes bretelles sont plutôt extravagantes.*
Yves : *Tu l'as dit,* approuve-t-il avec suffisance.

Adélia lui donne un léger coup de coude : ce qui le déséquilibre. Il se reprend sur sa deuxième jambe et sourit.

Espèce de frimeuse, murmure-t-il.

Là, elle s'approche de lui, son renoncement se fait murmure, jusqu'à ce qu'elle soit blottie dans ses bras.

Les deux amoureux s'enlacent et voilà une belle histoire qui commence.

Yves propose tout ce qui est possible à sa belle afin que la confiance qu'il peut lui temoigner soit mesurée par Adélia à la hauteur du respect qu'il lui confère.

Il souhaite de tout son cœur que l'amour qu'elle a donné à son ex-époux, aujourd'hui elle puisse le reporter sur lui.

Si Alain a été l'homme qui l'a rendue si heureuse au point qu'elle ait eut le désir de lui offrir trois enfants, alors Yves fera tout ce qui est en son pouvoir pour que son attention pour elle la comble de bonheur.

Elle lui parait être la femme idéale, la mère aussi de son futur enfant.

Yves est père d'un enfant né d'une première noce, ce fut pour lui aussi un échec et il se doit de reconstruire une famille pour retrouver son équilibre.

Adélia est si aimante avec ses enfants et respectueuse de leur père que cette image le fait rêver.

Après qu'il a eu proposé à Adélia de vendre sa maison pour venir vivre chez lui, dans son bel appartement du Perreux-sur- Marne où il les recevrait tous, animaux y compris, même si celui-ci n'était pas du tout adapté : sol en parquet de haute qualité, spa géant dans la salle de bains (où il pourrait laver les animaux), vitraux de tout bord, canapé de couleur claire, tapis de grands noms et bien d'autres choses fragiles et de couleur blanche et sachant que Yves est d'une maniaquerie sans égal, mais savoir Adélia auprès de lui est devenu sa raison de vivre, donc plus rien d'autre n'a d'importance.

C'est inimaginable pour Adélia de retirer à ses trois enfants leurs grands espaces de vie, leur confort qu'elle s'est acharnée contre tout à maintenir, elle ne peut que refuser cette démentielle proposition.

Devant ce refus, Yves met en vente son appartement, celui où il a mis tout son cœur.

Les amoureux se retrouvent tous les soirs de la semaine chez Yves, sitôt qu'Adélia est libérée de son travail et qu'elle confie les enfants à la nourrice qui vient les garder à domicile.

Tous les week-ends, Yves les rejoint à Aubigny.

Il ne faut à Yves que quelques semaines avant qu'un lundi matin à son réveil, Adélia trouve sur la table basse du salon une énorme somme d'argent avec une enveloppe où est écrit :

« Adélia », en rouge, encerclé d'un gros cœur, déposé avant son départ au travail.

Elle est comme subjuguée par cette confiance qu'il lui témoigne en laissant autant d'argent à sa disposition.

Lorsqu'elle ouvre l'enveloppe, son cœur s'emballe, elle se demande ce qu'il attend d'elle.

Voilà ce qu'il y est écrit :

Vends ta maison, prends cet argent, choisis notre nouvelle maison et surtout ne compte pas la somme, elle est suffisante pour que la maison de tes rêves devienne la nôtre. Je veux que tu deviennes ma femme et je te promets d'être le meilleur des maris.

Adélia, à son tour, lui écrit sur la même enveloppe ces mots :

Tu ne peux m'accorder plus grande confiance et je t'en remercie. Sache qu'à mon tour, je te fais confiance. Mais je te demande de garder l'argent, il t'appartient.

Je veux qu'en premier lieu, tu acceptes de venir vivre avec nous à Aubigny pour que tu saches quelle est ma vie et ses contraintes.

Ensuite, nous chercherons une jolie maison ensemble. Je t'aime Yves.

Sur ces mots, Yves s'installe à Aubigny.

Alain voit d'un très mauvais œil que cet homme puisse prendre une place qui lui appartenait il y a peu de temps.

Il réalise alors qu'il a perdu sa famille. Bien qu'il vive avec Cathy, il est choqué et ne peut admettre qu'un autre homme fasse l'amour à la mère de ses enfants.

Ce qui d'ailleurs est une attitude commune chez l'ensemble des hommes, une femme divorce de son mari, mais un homme beaucoup moins de sa femme.

Yves couvre sa belle de bijoux plus beaux les uns que les autres et ne manque jamais à ce que la maison soit des plus fleuries.

Il tente de subvenir à tous les besoins de sa nouvelle petite famille.

Femme de ménage, jardinier, chauffeur pour accompagner les trois enfants à l'école et même nounou afin que le couple puisse bénéficier de moments de partage.

Il réserve, pour les enfants, des vacances dans les plus beaux clubs.

Il inscrit les trois enfants en école privée, afin qu'ils soient parfaitement encadrés et qu'Adélia puisse pleinement accomplir son travail de chef d'entreprise.

Il est allé jusqu'à lui faire livrer une magnifique voiture neuve entourée d'un gros nœud rouge pour remplacer la sienne dont la batterie était morte. Elle est reconnaissante de toute l'attention qu'il leur porte.

C'est d'ailleurs, ce qui la fait souffrir toutes les fois où les conflits éclatent à la maison pour des raisons inexpliquées: vol de papier, disparition de fax à l'un comme à l'autre et bien d'autres choses.

Même si Yves ne pense pas que les enfants en soient la cause ! Mais qui donc alors ?

Le plus surprenant c'est que la voiture de Yves est régulièrement rayée et que celle d'Adélia, personne n'y touche, alors qu'elles sont toutes deux garées dans la propriété.

Ces conflits sont de plus en plus fréquents.

Le couple le supporte de plus en plus mal.

C'est ainsi qu'Adélia vit, déchirée entre l'amour pour Yves et le respect pour la valeur du père de ses enfants.

Ce déséquilibre bouscule toute la famille.

L'amour est tel entre Adélia et Yves qu'ils tentent tout ce

qui est en leur pouvoir pour sauver leur couple.
Yves va jusqu'à fermer sa société qui pourtant fonctionne très bien, pour pouvoir donner tout son temps au bien-être de sa nouvelle famille.

L'avenir d'Adélia redevient incertain et, par la même occasion, celui de Yves aussi.

Personne n'aurait pu imaginer qu'Adélia, dans ce petit hameau, aurait pu se sortir de cette situation sans issue, après son divorce.
C'était sans compter sur son courage et cette rencontre qui fut si salvatrice pour elle et les enfants.
Chaque jour, il pallie ses absences auprès des enfants, de plus en plus fréquentes et de plus en plus longues.
On peut se remémorer, encore, un soir au bureau où elle tente de finir au plus vite ses factures. Mais déjà la nuit est tombée et lorsque, assise dans son fauteuil de bureau elle se retourne, il est là ! Assis sur le bureau sur lequel l'imprimante est posée et sa main sur celle-ci.
Il la regarde d'un air interrogatif et lui dit :

Les enfants t'attendent, ma chérie ! il faut les retrouver, il est déjà très tard et la nounou doit partir.

Ce jour-là, il aurait pu être à la maison à l'attendre et bien non ! Chaque jour, il prend soin de l'aider autant dans la directive à donner à son travail que celle de l'éducation de ses trois petits. Il prend tellement soin de tout qu'il va jusqu'à perdre son entreprise. Mais rien ne compte pour lui ni l'argent, ni le temps, ni même son travail : son seul bonheur et qu'ils puissent, un jour, être sa famille.
Comment aurait-t-elle pu ne pas l'aimer avec cette aussi grande intensité !

C'est alors, qu'au retour des vacances de chez leur père, les enfants, de leurs petits yeux blessés, leur font part du mariage de leur père.

Là encore, alors que Yves lui demande ce qu'elle ressent,

elle répond :

Une libération, maintenant chacun sa vie.

Elle ne pense pas que Yves l'a crue, pourtant ses pensées sont tellement limpides.

Le seul souci d'Adélia est que leur père aurait pu les y préparer, elle ne peut s'empêcher d'imaginer la peine les envahissant par le choc brutal de voir, à peine quelques semaines après leur divorce, un de leurs parents se remarier.

Après qu'Adélia a bien rangé sa vie et qu'Alain a reconstruit la sienne, la voilà qui reprend ses ailes.

Une place impossible

La violence de cette bataille pour maintenir l'équilibre face aux propos destructeurs tenus par le Père à ses trois enfants envers elle, fut si profonde qu'Adélia et Yves sont emportés aux extrêmes de leurs possibilités mentales. Pour tenter de maintenir leur foyer et la non-capitulation, ils sont entrainés dans des actes terribles, allant jusqu'à la violence physique.

Yves a tout tenté pour éloigner Adélia de cet homme, jusqu'à s'engager sans réserve sur des achats d'autres maisons : Deauville, Fontainebleau, Perpignan.

Mais rien n'y fait. Adélia ne veut pas quitter sa maison, même par amour pour lui.

Cette maison la rassure, pourtant...

Une maison hantée

Pourtant leur vie à la maison n'est qu'horreur.

Tout peut leur arriver : les volets de chaque fenêtre démontés et posés à même la terre, des poignées qui bougent alors que la police est à l'extérieur à surveiller et Adélia cachée à l'intérieur, terrorisée. C'est à n'y rien comprendre...

Bien d'autres choses hantent leur vie.

Pour ne pas laisser la folie l'envahir, Adélia invite des amis pour ne jamais rester seule et pour pouvoir confier ces horreurs à ses proches, sans avoir l'impression d'avoir perdu la tête.

C'est aussi sa voiture qui ne démarre plus pour diverses raisons, comme une fois parce que la batterie avait disparu, ou encore les arbres, un à un déracinés et reposés à même la terre.

Et régulièrement à la nuit tombée, des grincements venant des combles, comme des bruits de lames glissant les unes contre les autres.

Ces agissements la traumatisent au point qu'un après-midi, elle tombe de sommeil.

À peine ses paupières baissées, un sursaut la fait les rouvrir brusquement : au pied de son lit, des dizaines de personnes de tous âges, parlant tous en même temps, dans un brouhaha qui vous rend fou.

Un jour, elle a même vu un visage l'espionner depuis la fenêtre de la salle de bains donnant dans le jardin.

Malgré la présence de Manu et Adélaïde dans la maison, venus s'occuper des enfants pour qu'elle puisse se détendre; malgré tous ses efforts, elle ne réussit pas, à maintenir un équilibre.

Tous ces actes mis en œuvre agissent sur sa famille comme une masse. Il n'y a pas de répit, elle est constamment en crise : *pourquoi ci ? Pourquoi ça ? Ce sont tes enfants qui font cela ! Pourquoi eux ?*

Des tensions et des accusations régulières brisent à grand feu le couple.

À force de leur amour passionnel, ils vivent des nuits entières d'anéantissement. C'est pour eux une lutte de chaque instant que de tenter de maintenir leur couple.

Un amour inconditionnel

Cette histoire d'amour, de passion, de peine, de terreur, de larmes maintenues par la force du cœur, dure huit ans. La chute fut grande quand, seule, elle dut faire face à tous ces agissements, venus peut-être d'une personne qui, avant, lui donnait la main.

LE CHOC D'UNE ÉMOTION

CHAPITRE 6

L'HORREUR DANS TOUTE SA SPLENDEUR

Une forte odeur de feu émane de l'arrière de la maison.

<u>Un vendredi d'avril 2001- Aubigny-</u>

Vers 15 h, elle rentre du travail et, à peine sa voiture garée devant sa propriété, sort de son véhicule, laissant le moteur tourner. Elle en a pour une minute à récupérer son dossier. Elle s'empare des cléfs rangées dans son sac, ouvre la porte et là, avant d'entrer :

Une forte odeur de fumée !

Elle contourne la maison par le jardin et la voilà à l'arrière face au barbecue.

Stupéfaction ! Des papiers qui brulent dans le barbecue ! *Pourquoi, Yves* ? Pense-t-elle.

Adélia ne comprend pas. Comment a-t-il pu faire un feu, partir et le laisser bruler sans surveillance ?

Heureusement que c'est elle et pas les enfants qui le découvre, car si l'un des enfants l'avait vu allumé au retour de l'école, il aurait forcément joué avec le feu et se serait brulé.

Elle s'avance et s'empare d'un seau qu'elle remplit au robinet et le verse sur les flammes encore hautes.

Cela n'a aucun sens ! L'inquiétude l'envahit.

Une fois l'épais nuage de fumée résorbé, puis elle s'en approche de plus près, pour éteindre les flammes restantes.

Plus elle se rapproche et plus cela lui parait invraisemblable.

Que voit-elle ?

Des dizaines de photos de ses enfants qui brulent.

Son cœur s'emballe vite ! Elle rassemble le tout dans un seau et s'empresse de revenir vers l'avant de la maison pour le vider dans la poubelle avant l'arrivée d'un des enfants.

En ouvrant le couvercle de la poubelle, que voit-elle ? Les fleurs offertes le matin même par Yves, jetées en vrac !

Mais pourquoi ? Peut-être pense-t-elle qu'étant enceinte d'Yves, et ne voulant pas le garder, il pouvait être en colère à ce point. Pourtant ils étaient d'accord sur le sujet.

Mais rien n'excuse cet acte odieux !

Une blessure profonde.

Il y a des actes qui viennent certainement chercher en nous des blessures si profondes que l'on en perd la raison.

À ce moment précis, alors que sa pensée n'est que haine, haine d'elle- même, elle se déteste.

Comment peut-elle aimer un homme capable de faire un tel acte ?

À cet instant, elle en oublie tout.

Elle est comme une lionne protégeant ses lionceaux face à cet homme qu'elle aime, devenu en une seconde le diable qui cherche à détruire ce qui est déjà si fragile et ce, juste par sa faute.

Elle a divorcé !

À cet instant, les enfants rentrent de l'école.

Elle les accueille, s'occupe d'eux avec toute la quiétude qu'il est possible d'avoir dans ces moments-là et les installe dans le bain.

Elle va commettre un acte irréversible à la suite duquel il perdra forcément, en un seconde, l'envie de rester à ses côtés.

De ses mains nues, elle détruit une à une toutes les choses appartenant à Yves.

Sa moto, ses quelques meubles, des objets précieux, bref, tout ce qui lui tombe sous la main.

Tout ce qu'il lui reste, car son argent, il l'a utilisé pour leur offrir le meilleur.

Elle s'empresse de tout jeter devant le portillon afin qu'il le voit dès son arrivée.

Après avoir tout détruit, elle s'assoit sur le canapé faisant face à la porte d'entrée, prend une photo du fils du monstre dans sa main et l'agite, laissant penser qu'elle va la déchirer.

Chose qu'elle sait ne pas pouvoir faire.

Enfin, le voilà, il fallait que cela s'arrête !

Elle entend sa Mercedes se garer, la porte de la voiture claquer, sa porte d'entrée s'ouvrir et le visage du monstre se montre enfin.

Yves, devant cet amas de débris, reste hébété, anéanti.

Il y a forcément une explication, se dit-il.

Son cœur bat à mille à l'heure. Il passe la porte, face au regard d'Adélia, empli de haine à son égard. La voyant la photo de son fils dans la main prête à la déchirer, il est envahi par la rage en une seconde.

Il vient sur elle à vive allure, lui arrache la photo des mains et, face aux injures qu'elle lui lance, devient le diable.

As-tu perdu la tête ? lui demande-t-il d'une voix forte au point de faire taire les enfants qui jouent dans le bain.

Je peux, moi aussi, détruire les photos de ton fils !
lui dit Adélia en hurlant.

Il l'a battue.

Il lève son poing et, de tout son poids, la bat ! Ce coup de poing porté sur sa tempe l'emporte dans un traumatisme profond.

Une seule idée envahit Adélia.

Mon Dieu ! je ne peux plus protéger mes enfants et maintenant, lui, ici !

Anthony tout mouillé, devant eux, encore plus en colère qu'Yves, lui dit :

Tu as tapé notre maman !
Non, non, je te le promets.

Yves la regarde, les yeux brillants de colère.

Je t'aime ! Ne fais pas cela ! dit-il à Adélia.

Sur ses mots, il porte son regard sur Anthony avec désolation et quitte la maison.
Le portillon claque, la portière de sa voiture, en se refermant, dégage un bruit sourd et son véhicule gronde en s'éloignant.

Ses larmes coulent, son fils se blottit contre son cœur, et ce sont Samy et Steve qui les rejoignent, très inquiets, puis les voilà tous deux aussi sur ses genoux.

Une famille en détresse.

Ne soyez pas tristes, les enfants, leur dit-elle.
Il ne reviendra plus et ainsi, notre maison retrouvera son calme. Je vous aime.

Tous s'attèlent à ranger la maison et débarrassent tous les débris d'objets cassés dans tous les coins du jardin.
Adélia allume la cheminée et c'est devant le feu, sur le beau canapé qui lui fait face, que la petite famille s'installe pour diner.
Après le repas, elle s'efforce de paraitre tranquille, pourtant son cœur tremble.
Ils sont installés sur le canapé, bien couverts par une grosse couverture de laine, les enfants contre elle, et la télécommande lance le film.
Ce soir-là, les enfants dormiront sur place.
Le cœur d'Adélia ne trouve pas la paix, la panique ne la quitte pas, elle appelle Isabelle et aussi Philippe, le meilleur ami de Yves, qui accourent dans l'heure qui suit pour lui tenir la main. *Connaissant Yves, cela ne peut être grave !* pensent ses amis.

<u>Le lendemain matin - 8h.</u>

Les enfants, l'un après l'autre, se réveillent et rejoignent Isabelle et leur maman à la cuisine.

Ses amis sont d'un soutien important autant pour Adélia que pour les enfants.

Maintenant qu'Adélia a mis les enfants en protection, elle peut appeler le médecin pour soigner sa tête qui lui fait toujours très mal et faire constater le violent coup de poing.

Sauver ses enfants.

Le médecin lui fait une ordonnance pour des radios , des médicaments et surtout un arrêt de travail de huit jours, ce qui lui permet, si nécessaire, de porter plainte.

Vers 18h, l'interphone sonne, elle regarde par la caméra, c'est lui, il est revenu !

Laisse-moi m'excuser, te parler et embrasser les enfants et je te promets, je vous laisse tranquille, lui dit-il.

Le corps d'Adélia tremble encore du coup de la veille.

L'attitude de Yves ne fait qu'envenimer la tension qui, déjà, est palpable.

Laisse-les ! lui dit Isabelle en arrachant le combiné de l'interphone des mains d'Adélia.

Enfin, il s'éloigne et un camion lui appartenant démarre et là, le téléphone de la maison résonne.

Adélia décroche, tétanisée.

Yves : *Allo, c'est moi ,mon amour, laisse-moi te parler,* dit-il encore, sachant qu'Adélia l'entend.

Adélia raccroche.

Le téléphone sonne à nouveau.

Yves, n'obtenant aucune réponse d'Adélia, prend plusieurs bidons d'essence, qu'il vide sur son camion.

Je vais faire bruler mon camion et je vais mourrir dedans !

Ainsi, ils n'auront plus peur de moi, dit -t-il à Isabelle qui, cette fois, a répondu au téléphone.

Adélia demande à Isabelle de monter les enfants à l'étage pour leur faire prendre un bain afin qu'ils ne voient pas cette horreur.

Adélia prévient la gendarmerie des actes que Yves menace de commettre. Informés, les gendarmes arrivent au domicile en moins de dix minutes.

Avec beaucoup de délicatesse, ils réussissent, après des heures de discussion, à le calmer.

Ils lui assurent que s'il pose ce briquet, qu'il fait rouler comme la roulette russe pour choisir l'instant où l'essence badigeonnée sur l'ensemble de son camion prendra feu, cela mettra fin à ce calvaire.

Les gendarmes lui disent ce qu'il veut entendre.

Accompagnez-nous au poste et nous ferons en sorte qu'Adélia vienne vous y retrouver pour que vous puissiez vous expliquer.

Ils l'aident à sortir de son camion garé devant la maison. Et enfin, le voilà protégé dans leur voiture, les poches vides de briquet.

Pendant ce temps, un autre gendarme l'a convaincue de porter plainte, afin que cet individu malfaisant soit éloigné et qu'elle et ses enfants soient en sécurité.

Adélia hésite…

Puis, après réflexion, se saisit d'une arme qu'elle a cachée déjà depuis plusieurs mois après l'avoir trouvée dans les affaires de Yves.

Elle explique aussi, qu'après qu'elle lui en avoir parlé, Yves lui a dit qu'elle pouvait en faire ce qu'elle voulait, que cela n'avait aucune importance.

Le gendarme s'empare de l'arme et la décharge. L'arme est chargée !

Le cœur d'Adélia tremble si fort que l'on peut l'entendre.

Elle s'empresse de rappeler Philippe qui joue dans la chambre avec les enfants.

La tension est palpable et heureusement, Philippe et Isabelle sont présents ce qui rassure la petite famille. Les deux amis ne comprennent pas pourquoi Yves a commis un acte aussi violent comme celui de bruler les photos des enfants qu'il aime tant, sachant qu'en plus cet acte les séparerait inévitablement.

Nuit de feu.

Cette nuit-là, après avoir couché les enfants et avoir été informée par la gendarmerie qu'il restait en garde à vue, c'est devant la cheminée que les trois amis restent éveillés, pensant à toute cette atroce histoire.

Entre l'amour et la haine, il n'y a qu'un fil.

À l'aube l'ensemble de la maisonnée s'assoupit et c'est la sonnerie du téléphone, vers 11 h, qui les réveille d'un bond...

Il y a un clochard devant ta porte, Adélia ! lui dit sa gentille voisine qui venait prendre un café comme à son habitude le dimanche matin. Adélia regarde par sa caméra extérieure et voit.

Lui !

C'est Yves !
Mais que lui est-il arrivé ?
C'est comme s'il était un autre !

Il a, en une nuit, vieilli de vingt ans.
La sonnerie du téléphone retentit encore !

La gendarmerie l'informe qu'après avoir été mis en garde à vue, il a tenté de mettre fin à ses jours et qu'il a dû être

transporté à l'hôpital, d'où il s'est enfui.
L'interphone sonne.

Attends ! lui dit Philippe, *je vais lui répondre.*

Laisse-moi te parler, Adélia ! dit Yves en pensant qu'Adélia écoute son interphone.
Philippe pose le combiné, ouvre la porte d'entrée et dit à Isabelle et Adélia avant de sortir retrouver Yves :

Ne vous inquiétez pas, je vais lui parler !

Adélia surprend alors Yves qui s'asperge entièrement le corps d'essence.
Le cœur battant la chamade, elle ordonne à Isabelle de monter les enfants à l'étage et de les accompagner dans des chansons, afin que leur attention soit happée par autre chose que cette horreur.
Elle souhaite que ses enfants échappent à la vue de ce drame qui se prépare.

Adélia a comme reçu un message, de l'au-delà.

Protège tes enfants !

Pendant ce temps, l'interphonne à nouveau.

Adélia, je t'en supplie, laisse-moi te parler ou je mettrai tout à feu et à sang, lui dit Yves, d'une voix éreintée par la souffrance.

Adélia est envahie par la terreur, elle est comme paralysée.

Attends ! lui dit-elle comme pour gagner du temps, *je monte les enfants et jeviens te parler.*

Il n'en croit rien et le désespoir l'envahit.
Avoir tout essayé et voir l'amour que l'on offre jeté ainsi est insupportable pour Yves.

Son corps s'enflamme.

C'est l'homme qu'elle aime qui court, en feu, au loin devant elle.

La souffrance de voir cela est trop dure, sa tête va exploser, ses jambes ne la tiennent plus.

Elle hurle de toutes ses forces.

Mais pourquoi ? Pourquoi avoir fait cela ?

Ses sanglots sont tels, que ses yeux la brulent.

Isabelle, entendant ses cris, descend les escaliers deux à deux et trouve, face à elle, Adélia complètement tétanisée.

Isabelle ouvre la porte palière et court au dehors jusqu'à arriver à la hauteur de Yves gisant à terre, le corps en feu, en hurlant : *Adélia ! Adélia !*

Adélia voit Isabelle lever les bras au ciel en disant à Yves :

Pourquoi lui avoir fait ça, Yves ? bruler les photos de ses enfants, tu es dingue !

Et lui hurle : *je l'aime ! je l'aime !*

Puis la douleur est telle que le coma, heureusement, l'enveloppe dans ses bras, pour ne pas que le cœur s'arrête et que la mort puisse l'emporter.

Alertés par les voisins déjà depuis de longues minutes, les pompiers arrivent.

Il est transporté dans un hôpital spécialisé pour les grands brulés où ils espèrent lui sauver la vie…

Les pompiers ne comprennent pas, Adélia est infirmière, elle aurait dû le couvrir d'une couverture.

Ce qu'ils ne savent pas c'est que le corps de la jeune femme est tétanisé et donc ne lui répond plus.

Prisonnière d'une cage.

Son cœur tremble et ne trouve pas la paix. Isabelle, toujours présente auprès des enfants, tente de faire de son mieux encore pour les faire sourire.

Adélia n'est plus elle-même, elle a tellement honte de leur avoir infligé cette horreur.

Elle est épuisée, mais surtout elle ne comprend pas ce qui se passe et elle ne cesse de penser ...

Est-ce le destin, une force maléfique ou encore une personne qui nous manipule ? ... Quoi qu'il en soit, ils ont réussi à détruire notre amour, mais pas le respect que l'on a l'un pour l'autre !

Même si la peur l'envahit complètement, elle n'a aucun remords, elle sait n'être responsable de rien, juste d'avoir mis ses enfants en danger.

Manipuler un enfant reste un acte gratuit

La manipulation d'un père crée des séquelles dans l'esprit de l'enfant, qui lui, se doit d'aimer son père. Quelle sera l'estime qu'il se portera à lui-même après cela ?

Elle est inquiète pour sa vie et celle de ses enfants, elle a la peur au ventre que Yves puisse s'enfuir à nouveau de l'hôpital et venir se venger des douleurs qu'il s'est infligé.

Pourrait-il la rendre responsable de cet acte provoqué par son geste de l'avoir aussi violemment sortie de leur vie ?

Elle tente de se rassurer en pensant à la bonne personne qu'il est, bien que son souffle ait encore du mal à tenir un rythme.

Une nuit de réflexion personnelle commence pour Adélia, elle ne sait plus qui il est.

Est-ce lui, réellement, qui lui a infligé cette épreuve ? Cela est incompréhensible, conpte tenu de l'amour qu'il lui porte.

Le lendemain matin...

Alain, averti par Justin de tout ce désordre, accoure à son chevet et, de toute sa tendresse, lui tend la main.

Pourquoi ne veux-tu pas que nous nous remettions ensemble ?

Nous étions si heureux, avant, lui dit-il.
Lui, il t'a battue et moi, jamais je ne le ferais...

À cet instant. Quelqu'un cogne à la porte.
C'est la police accompagnée d'un médecin de l'hôpital qui vient obliger Adélia à les suivre pour retrouver Yves, faute de quoi elle sera accusée de non-assistance à personne en danger.
Yves, sorti du Coma par miracle, réclame Adélia. Sinon, il se laisse mourir.

Il veut juste lui dire un mot :

Ce n'est pas moi !

Adélia, tremblante, se prépare et les suit, entre dans l'ambulance et la voilà, quelques heures plus tard, au chevet de Yves. Elle a enfilé une combinaison de protection contre les microbes pour accéder à sa chambre d'isolement. Elle entre, mais ne le reconnait pas.
Il a perdu douze kilos dans la nuit, à cause des flammes.
Adélia s'approche pour regarder à travers les bandages. Son cœur se réchauffe sitôt qu'elle retrouve une petite cicatrice en haut de la lèvre qui lui rappelle qui il est.
Adélia est reçue par un psychologue de l'hôpital et, avec les mots justes, il l'informe de la situation délicate dans laquelle se trouve Yves :

Après différents entretiens avec Yves, je peux vous assurer qu'il n'est responsable de rien.
Et, croyez-moi, une mauvaise personne ne se détruit pas ainsi, insiste le spécialiste.

Quand Adélia est de retour à la maison, Philippe est parti, mais Alain et Isabelle sont toujours là !

Elle porte encore le masque de protection des microbes accroché à son cou, ce qui met Alain hors de lui.

Comment as-tu pu ? Il t'a battue! Cela ne te suffit pas ?

Tiens, récupère les cléfs de ta maison, je n'en ferai plus rien.

Adélia est scotchée de voir cela, pourquoi avait-il ces clefs et où les a-t-il obtenues ?

Sa tête tourne, elle ne sait plus où elle en est, et si Yves n'était pas responsable ?

Pourquoi as-tu ces clefs ? lui demande-t-elle.

Je ne te répondrai pas ! Cela te mettrait en colère !

Et c'est sur ces mots qu'il part de la maison.

C'est triste et en même temps un soulagement pour elle: peut-être l'homme qu'elle aime n'avait rien calculé et donc ils ne seraient que des victimes, Adélia en retrouve son souffle.

Son père, son ami

Le lendemain, Manuel appelle sa fille. C'est d'une voix brisée qu'elle lui répond.

Manuel connait Adélia : pour qu'elle soit si brisée, c'est qu'elle vit une souffrance sans pareil.

Le lendemain matin, voilà Adélia qui arrive sur le quai de la gare, récupérer son papa venu la soutenir…

Lorsqu'il sort du train et pose le regard sur sa fille, c'est une enfant vidée de tout qu'il retrouve.

Face à cette émotion si brulante qui émane d'elle, il ne trouve pas les mots pour lui parler.

Il enlace sa fille de ses grands bras, comme pour lui faire savoir qu'il la protège !

Après que de longues heures se sont écoulées, enfin, elle lâche un mot : *Bonjour, papa !*

Raconte-moi, ma fille, et sache que je n'écoute personne,

juste ce que tu veux que j'entende, lui dit-il.
Papa, je veux que nous allions le voir à l'hôpital.

Adélia sait que si Yves voit Manuel à son chevet, il saura qu'il n'a pas perdu son âme et la femme qu'il aime et aussi la force nécessaire de se battre pour guérir.

Avec plaisir, ma fille, je suis là et on fera tout ce qu'il faut pour lui.

Et c'est ainsi que les soins de Yves reprirent leur bon sens.

Adélia l'accompagne dans ses soins où il doit réapprendre à marcher, à manger, à vivre tout court.
Elle est heureuse d'être à ses côtés toutes les fois où cela est nécessaire comme il l'a été pour elle auparavant.
Toujours envahis par cette terreur, Adélia et les enfants ont quitté la maison et ont pris place chez Isa et Ichem, un couple d'amis, qui leur offrent l'hospitalité.

Les enfants maintenant en sécurité, Adélia tente de retrouver le sommeil.
Bien que le logement soit modeste, les lieux sont sûrs.

Les semaines passent à un rythme fou.

Bientôt reposée, Adélia ne supporte déjà plus que sa petite famille ne puisse retrouver sa maison et ses affaires.
Elle est si empreinte de peur, qu'elle ne peut faire face à cette maison et à tout ce qui l'imprègne.
Il lui faut rencontrer un garçon d'une gentillesse sans égal pour entourer sa famille.
Pour aussi que le retour de Yves, bientôt rétabli, ne puisse être possible.

Elle l'aime au plus profond d'elle-même et ne pourra lutter face à ses bras, mais le traumatisme de la violence et du feu la terrorise.

Donc, lorsque Yves sera rétabli et sortira de l'hôpital, si Adélia a rencontré un autre homme, il acceptera de n'avoir plus sa place auprès d'eux.

Même s'ils se sont promis de s'aider mutuellement à faire face à leur amour, rien n'est simple.

Conscients d'être allés au bout de leur histoire, ils regrettent tous deux leurs actes.

Et si c'était à refaire, Adélia, depuis le premier jour, aurait fait ce que lui demandait Yves, partir et construire une nouvelle vie.

Ce qui en résulte est la peur de l'intensité d'amour qu'ils se portent.

Amour brisé à jamais.

Yves sort enfin de l'hôpital au bras d'Adélia, qui l'accompagne à une chambre d'hôtel réservée par elle.

Et voilà l'amour qui s'envole.

Après qu'elle lui a installé ses petites affaires dans le meuble approprié, elle l'enlace sans trop le serrer pour ne pas le blesser et lui dit :

Merci pour tout ce que tu as fait pour les enfants et moi. Sans toi, je n'aurais pas réussi.

Il t'a fallu parcourir un chemin difficile pour finir par dire ça ! dit Yves. *Tu vas me manquer,* murmure-t-elle. *Toi aussi ,tu vas me manquer,* dit-il d'une voix sourde le regard porté au sol.

Elle ôte ses lunettes de soleil et ils se pressent l'un contre l'autre.

Leurs yeux les brulent, tant les larmes sont acides.

Au bout d'un moment, Yves pose sa main sur la nuque de la jeune femme pour maintenir sa tête dans le creux de son cou.

Quand j'ai dit aux enfants, au téléphone en ta présence ,que je partais, mais que je serais toujours là pour vous, ce sera toujours vrai, aujourd'hui, demain et après, lui dit-il.

Non tais-toi ! Coupe-t-elle en redressant son visage et en lui posant la main sur la bouche.
Ne le dis pas !

Il lui attrape le poignet pour libérer sa bouche, presse la main d'Adélia contre son cœur douloureux.
Leurs yeux n'en finissent pas de se dire adieux et tous deux songent qu'aucune autre issue n'est possible.

Tu es consciente que notre amour est perdu par tant de souffrance et de peine ? lui rappelle-t-il.
Oui, murmure-t-elle, *nous sommes d'accord.* Quand leurs lèvres se joignent, Adélia pleure et il a si mal qu'il lui semble que son cœur va exploser.
Veille sur les enfants et prends soin de toi, chuchote Yves, la voix tremblante.
Compte sur moi, Yves.

Puis elle s'éloigne, laisse sa main glisser sur le bras de Yves jusqu'au dernier effleurement du bout des doigts.
Chacun d'eux s'efforce vraiment de sourire.

Au revoir, dit-elle sourdement.
Au revoir, répète-t-il d'une voix brisée.

Elle recule d'un pas qui achève de les séparer, les bras de Yves retombent le long de son corps, inutile désormais.
Elle sait qu'en ouvrant la porte de la chambre d'hôtel, leur vie de couple s'arrêtera là !
Elle le regarde une dernière fois avant de disparaitre de sa vie pour retourner à la sienne.
Et les voilà chacun reprenant son destin par la main malgré eux.
La violence au sein d'un couple ne permet en aucun cas une suite favorable.
Un enfant ne peut rester indemne face à la violence portée sur l'un de ses parents.
Imaginez un géant battant votre mère, votre sœur, et ce ,avec une voix énorme.
Si elle reste vivre avec Yves, que dira-t-elle à ses enfants

s'ils sont, un jour, battus par leurs conjoints ? Elle se doit contre tout de les protéger.

Ce soir-là.

Adélia retrouve ses enfants chez son amie cartomancienne Isa où elle vit encore.

Isa insiste ce soir-là pour lui faire les cartes, Adélia, agitée,ne veut pas écouter, pourtant Isa lui fait quand même le jeu de sa vie future.

Le message des cartes n'avait pas menti, et même si Adélia doutait, les cartes d'Isa disent vrai…

Le message d'une voyante.

Aujourd'hui, c'est décidé, Adélia, accompagnée d'une amie, sort danser et rencontrera un homme. Un des plus gentils qui soient pour que sa famille retrouve la maison d'Aubigny. Et enfin la peur s'éloignera, puisqu'ils ne seront plus seuls... En tout cas, c'est ce que lui a prédit son amie Isa.

Tu m'écoutes, Adélia ! Tu vas sortir, lui-dit Isa. *Puis, en dansant tu rencontreras un garçon plus grand que toi, blond et qui a les yeux clairs. Son prénom commence par un D. Il n'a pas d'enfant et adoptera les tiens comme par magie. Il a une situation professionnelle envieuse en rapport avec l'aviation. Il est plus jeune que toi et te demandera en mariage.*

Impossible ! lui dit Adélia. *Je suis trop mature pour apprécier un homme plus jeune que moi. Je te rappelle que Yves a dix ans de plus que moi.*

Si ! Adélia, reprend Isa, *et cette rencontre se fera ce soir ! Sur Paris et par accident. Tu verras, tu ne pourras pas la manquer !*

Ces propos amusent Adélia, et les deux amies éclatent de rire.

C'est ainsi que la jeune femme, n'écoutant son amie

qu'à mi-mot, se prépare, s'habille et se maquille le plus discrètement possible, comme elle savait si bien le faire : être discrète mais que l'on ne voit qu'elle. Puis va chercher une amie.

L'accident de la rencontre.

Les voilà toutes les deux dans le club habituel, avenue des Champs-Élysées à Paris. C'est dans une ambiance feutrée que la serveuse les réceptionne, prend leur commande et compte tenu du grand nombre de clients présents ce jour-là, leur tend leurs verres de cocktail qu'elles doivent porter elles-mêmes jusqu'à la table qui leur est réservée. C'est alors, qu'à peine le verre à la main, Adélia, bousculée par un client, perd l'équilibre.

Dans sa chute, elle renverse son cocktail sur un homme qui tente lui aussi de trouver sa table.

Tous deux, déséquilibrés, se retrouvent se chevauchant sur une banquette de cuir rouge. Elle, sur les genoux du jeune homme, et le cocktail, dégoulinant sur son beau costume blanc

Elle est dingue ! dit l'homme surpris et maintenant assis de force.

Son costume blanc est maculé de haut en bas de ce cocktail renversé.

Excusez-moi, lui dit-elle encore assise sur lui, ne sachant où poser son regard.

Il l'aide violemment à se redresser et, en colère, lui jette un regard noir. Adélia ne sait pas si elle doit en rire ou en pleurer. Enfin, les deux amies rejoignent leur table, sur laquelle les attend déjà un autre cocktail.

L'ambiance agréable qui règne dans la discothèque prend le pas sur cette histoire désagréable, et les deux femmes ne tardent pas à se trémousser sur la piste, oubliant leurs soucis, leurs vies. La tête dirigée vers les milliers de lumières éclairant l'immense plafond, les bras ballants et le sourire aux lèvres, Adélia est comme une feuille qui vole dans le ciel, emportée par cette douce musique qui dessine des nuages imaginés par elle. Ses pieds retrouvent terre lorsqu'un homme d'une grande beauté lui prend la main et, avant qu'elle n'ait eu le temps de réagir, la voilà dans ses bras.

Faites comme chez vous ! s'exclame-t-elle.
Pourquoi ? Vous vous êtes gênée tout à l'heure ? lui répond-il.

Elle réalise que ce beau garçon est celui qui l'a insultée en début de soirée après qu'elle a eu renversé son cocktail sur l'ensemble de son costume blanc. Ils engagent alors la conversation et là, elle n'en croit pas ses yeux ni ses oreilles ! Il correspond exactement au gars qu'Isa lui avait prédit quelques heures plus tôt. Un éclair lui parvient, son amie a quitté la discothèque, la laissant seule avec cet étranger...

Il est pilote de ligne chez Air France, habite non loin de chez elle, n'a pas d'enfant et a quatre ans de moins qu'elle. C'est incroyable ! Bien sûr, Adélia lui fait part des propos de son amie voyante auxquels elle n'avait pas cru une seconde mais qui, finalement se revèlent exacts. Un baiser puis un autre... Enfin Adélia trouve un peu de liberté.

Alors que la nuit s'achève, ils quittent la piste de danse pour boire un dernier verre sur les Champs-Élysées.
Ensuite, c'est chacun dans sa voiture Porsche, grise pour elle, noire pour lui, qu'ils filent en direction de la maison d'Aubigny pour y prendre le petit déjeuner promis par Adélia.
Elle est si heureuse de pouvoir retourner dans son chez elle. Elle appelle un ami qui, immédiatement, vient leur apporter des croissants frais et prendre le petit déjeuner en leur compagnie car, tout de même, David reste, pour le moment un inconnu.

Un amour de douceur.

À partir de ce jour, David ne quitte plus son amour de femme. Pour soutenir Adélia et ses enfants qu'il veut déjà aimer et protéger, il va jusqu'à demander à rester au sol à sa compagnie aérienne.

La famille retrouve alors sa maison, ses repères et tous se reconstruisent un équilibre.

Leur vie est redevenue joie et bonheur ; elle est si belle, tel un conte de fées. Même si le cœur d'Adélia appartient encore à Yves, elle se doit de continuer sa route.

Un jour, alors qu'Adélia laisse couler une larme sur sa joue, Samy lui prend la main et lui dit, en la fixant de ses doux yeux d'enfant :

Maman ! Ne pleure plus maintenant. Tu as rencontré ton prince charmant.

Chacun d'eux reprend confiance en la vie. Les enfants sont aimants envers David, qui use de tous les moyens à sa disposition pour que la famille soit le plus heureuse possible.

Tout est merveilleux. Une seule ombre au tableau, celle d'Alain qui s'efforce de rendre cette belle histoire un peu plus sombre en critiquant les attitudes de David auprès des enfants.

Mais aujourd'hui, cela atteint moins Adélia qui tente, avant tout, de reconstruire une complicité avec ses enfants.

Deux mois après…

Un concours de circonstances miraculeux.

Alors que Samy est invitée à aller dormir chez Shonia, une amie de longue date de sa maman, Adélia décide de l'en priver car ses notes scolaires ne le justifient pas.

Son amie Shonia, âgée de soixante ans et connaissant les enfants depuis leur naissance, insiste, cependant, pour qu'Adélia fasse cette fois-ci une exception pour que Samy s'amuse avec sa petite-fille Leslie. Adélia, finalement, décide d'accepter.

David accompagne donc la petite famille à Ris-Orangis, où ils déposent Samy chez Shonia.

Son habitation se trouve tout près de chez Justin. Adélia décide donc de faire un détour jusqu'à chez leur oncle Justin pour le saluer. À peine arrivent-ils à son domicile, qu'ils constatent qu'il est seul, sa femme et ses enfants étant partis en vacances. Ils lui proposent de diner avec lui, ce qu'il accepte avec plaisir.

Une famille sauvée des flammes.

En fin de soirée, après que cette réunion de famille s'est bien déroulée, Adélia, David et les deux garçons reprennent le chemin d'Aubigny où le lendemain à 7h les salariés viendront récupérer leur planning de la journée.

La fatigue les envahissant, David suggère qu'ils passent la nuit à son appartement. Ils partiraient tôt le lendemain matin pour être à l'heure au bureau. Cette idée n'est pas mauvaise bien qu'Adélia préfère dormir chez elle, mais cette nuit-là, par on ne sait quel mystère, elle accepte.

Un réveil traumatisant.

Le lendemain matin à 6h30, ils se réveillent.

Pendant que David fait couler le café, Adélia, afin de se remettre au travail, rallume son téléphone portable.

Vous avez douze messages ! lui dit sa messagerie.

Son cœur s'emballe, elle pense immédiatement à Samy qui n'est pas là !

Une inquiétude l'envahit : *Que se passe-t-il ?*

Elle s'empresse alors d'écouter ses messages téléphoniques.

Le téléphone manque de lui tomber des mains tant elle est tétanisée.

Ta maison est complètement brulée, lui dit Alain d'une voix tranquille sur le premier message.

Adélia, où êtes-vous tous ? lui dit Justin en hurlant de terreur, sur le deuxième message.

Elle ne peut écouter les autres messages tant les vibrations lui emplissent la tête.

Dans l'urgence, Adélia et David rassemblent leurs affaires, prennent les garçons encore endormis dans leurs bras et partent en trombe en direction de chez elle.

Des images se dessinent alors dans sa tête. Des images d'une maison complètement calcinée, comme pour rendre cette épreuve moins douloureuse, comme pour la préparer à encaisser le choc…

Avant de bifurquer vers la rue où se trouve sa maison, elle a comme un pressentiment. C'est un signe, se dit-elle. Elle décide donc de déposer ses garçons chez sa voisine, sa grande amie Sandrine. Alors qu'elle frappe à la porte, Sandrine lui ouvre, rassurée de les voir vivants, mais devant son visage défait, celle-ci ne dit mot sachant ce qu'il s'est passé. Seule une pensée la trouble : *Mais où est Samy ?* Cependant, elle n'en dit pas un mot à Adelia.

Après avoir mis les garçons à l'abri afin qu'ils ne voient pas l'horreur, Adélia se sent en partie rassurée. De plus, savoir Samy ailleurs la tranquillise.

Lorsqu'ils arrivent devant la maison, celle-ci a disparu en fumée, laissant place à quatre murs, encerclant plus d'un mètre de cendres ! Son esprit est ailleurs.

Adélia voit tout, comme si un message de l'au-delà l'avait préparée pour que son cœur puisse supporter cette image de terreur.

Heureusement, Justin est là. Il la prend dans ses bras et lui dit :

Ne t'inquiète pas, je suis là ! Et dis-moi, l'essentiel c'est que vous soyez tous vivants.

Adélia se met à pleurer quand, de sa main, Justin lui lève le visage et lui dit :

Je reste là, près de toi !

Tout a brulé, Justin ! Je remercie Dieu pour avoir demandé à Shonia d'insister pour me prendre Samy hier et aussi David, pour avoir proposé que l'on dorme chez lui.

La seule chose qui n'ait pas brulé est la Porsche garée dans le garage, mais de laquelle s'échappe une fumée menaçante.

Voilà donc Justin et Adélia qui tentent de retrouver les clefs de la voiture dans les cendres mouillées par les lances d'eau des pompiers lors de la tentative d'extinction du feu.

Alain est présent lui aussi, mais ne montre aucun signe de peine, préférant partir vaquer à ses occupations. L'aider, ou bien même la soulager des enfants quelques temps, n'était pas prévu sur son planning. Seul Olivier, son frère, a la délicatesse de la contacter pour lui proposer de prendre les enfants quelques jours ; elle en est émue, mais ne peut accepter : à cet instant, ils ont trop besoin de leur père !

Leur belle maison partie en fumée.

C'est un amas de cendres...
Plus un souvenir, plus une photo, plus de passé…

Les garçons sont pris en main par la fille de la secrétaire d'Adélia. Consciente de l'état de fragilité dans lequel se trouve Adélia, cette dame a la gentillesse de s'occuper des enfants. Tellement désemparée qu'elle n'a pas la force de demander de l'aide, Adélia apprécie de tout son cœur cette bonté, offerte par une femme qui ne la connait même pas. Heureusement, Samy se trouve toujours chez Shonia, et a donc été préservée de cette épreuve.

Un message.

Cette même nuit, elle se rend chez David, qui ne sait que faire pour elle tant la situation est difficile. Ils se couchent, lorsque, plus tard dans la nuit, Adélia fait un rêve :

Elle se promène dans les cendres de sa maison comme si elle s'y baignait ; à ses mains, elle porte tous ses bijoux souvenirs d'une vie et à ses pieds, des couverts d'argent jonchent le sol. C'est l'argenterie offerte par Justin pour son mariage. Pour la payer, il avait travaillé plusieurs semaines, c'est la raison pour laquelle elle y tenait tant. Alors qu'elle s'avance, son pied cogne sur un tronc sur lequel est agrafée une photo d'elle, portant ses trois enfants.

Au milieu de la nuit, Adélia sursaute si fort qu'elle sort son compagnon de son sommeil.

David, il faut y aller ! Où ? Il fait nuit !
À Aubigny. J'ai fait un rêve, et je sais qu'il faut y aller ! Ne me pose pas de questions, s'il te plait.

Ils se lèvent et, avant même le lever du soleil, les voilà devant le tas de cendres.

Tu n'as pas le droit d'y accéder, la police a mis des scellés.

Attendons que le soleil se lève. Tu y verras plus clair ! lui dit David.

À ce moment précis et sans qu'elle ait demandé quoi que ce soit, Justin et deux de ses ouvriers se tiennent devant leur voiture. Ils espèrent y retrouver Adélia, afin de lui demander ce qu'ils peuvent faire pour l'aider. Peu après, les voilà tous les cinq à fouiller dans les cendres.

Le message qu'elle avait reçu dessinait pour elle les repères nécessaires pour qu'elle ait encore la force de continuer sur le chemin de sa vie. Quelques heures plus tard, toutes les affaires qu'elle a aperçues dans son rêve sont retrouvées sous les cendres, comme par miracle.

LA VIOLENCE DES CENDRES

CHAPITRE 7

APRÈS ÇA, LA MORT DE QUELQU' UN !

Elle n'avait jamais connu de douleur plus forte que celle de perdre tous ses repères en quelques secondes. Plus un canapé, plus un papier, plus un vêtement... Bref, plus rien à sauver. Seules subsistent les affaires qu'ils portent, ainsi que le traumatisme de penser que ses enfants auraient normalement dû être présents.

C'en était trop.

Son corps ne peut en supporter plus, elle en perd la parole pendant quelques jours.
Ses amis, plus humains les uns que les autres, ses clients, plus proches que jamais, mais aussi ses voisins lui apportent un soutien sans nom.

Trop fragile, Adélia n'est aujourd'hui pas en mesure d'apprécier à sa juste valeur cette bonté qui lui est offerte.

Manuel sitôt informé débarque de Bretagne afin d'aider sa fille et ses petits-enfants. Il restera auprès d'eux le temps qu'il faudra.

Sa secrétaire non plus ne lui lâche pas la main. Les professeurs de chacun des enfants font un appel aux dons aux copains de classe.

Donnez, si vous le pouvez, vos plus beaux jouets, disent-ils à leurs élèves.

Dans l'attente de la reconstruction de leur villa, la mairie met gratuitement à sa disposition une maison que les enfants du village ont repeinte en cinq jours. Nombreux sont les clients d'Adelia mais deux en particulier, Monsieur Alain Bernard et José, prennent soin d'apporter matériel et main d'œuvre pour embellir cette bâtisse, qui est en fait une ancienne école laissée à l'abandon.

Les voisins et amis, quant à eux, leur apportent tous les meubles et les équipements nécessaires à leur bien-être. Pour ne pas la laisser seule avec ses enfants, la secrétaire d'Adelia reste même habiter avec elle. En trois jours, cette maison est devenue magnifique.

Heureusement, tous ces gens, amis, connus ou inconnus avant ce drame, permettent à Steve, Samy et Anthony de rester la tête hors de l'eau. Adélia, elle, est noyée dans ses sentiments d'horreur confondus.

Alain Bernard, son client et ami, lui tient la main avec une telle intensité qu'il l'empêche de sombrer.

Installés dans cette grande maison, ils ne manquent de rien. Et pourtant ! Il est impossible aux enfants de ne pas s'enfuir de leur classe, pour aller voir si, par hasard, les poissons ne sont pas vivants comme l'espère Anthony, et si leurs cahiers d'école ne sont pas tous brulés comme le souhaitent Steve et Samy. Quant à elle, elle espère que peut être ses vêtements ne sont pas tous brulés.

Malgré toute l'attention que peut leur porter David, il ne peut les aider. Leur relation, longue de quatre mois, et sa volonté ne lui permettent pas de les aider dans leur détresse. La peine de voir cette famille si démunie a plongé chacun dans une solidarité sans commune mesure, afin de les combler de tout ce qu'il est possible.

L'amour à bout de souffle.

Alors qu'il tente de joindre Adélia, Yves est informé par la secrétaire et apprend la nouvelle avec stupeur. D'autant plus que, la veille, il leur avait souhaité de passer une bonne soirée sans lui.

Il s'empresse, dès lors, de faire tout ce qu'il peut pour soutenir Adélia : il dépose notamment dans sa boite aux lettres toutes les photos d'eux et de leur vie commune dont il dispose, les factures des nombreux bijoux qu'il lui a offerts ainsi que différentes choses qu'ils ont achetées ensemble, après avoir été les rechercher chez chaque fournisseur.

Yves pose également discrètement devant le portail de la maison prêtée par la mairie des jouets et des jeux identiques à ceux qu'avaient les enfants avant le feu et qu'ils adoraient. Il espère ainsi leur réchauffer un peu le cœur.

Adélia est émue par tant d'attentions, et doit lutter contre cet amour qui lui tend toujours les bras, mais qu'elle n'a plus la force d'attraper. Pendant ce temps, David, si gentil envers eux, ne trouve plus sa place. C'est terrible de voir toute cette peine jaillir de ces deux êtres.

Un matin, pendant que David part faire des courses pour la maison, Adélia se presse de faire le ménage. Une main aimante lui caresse alors les cheveux, avec une saveur qu'elle ne peut feindre d'ignorer. D'un coup, son corps se ressaisit, lui donnant l'énergie de faire un tour sur elle-même. À cet instant, elle aperçoit Yves !

Va-t'en ! lui dit-elle, *Il va revenir.*

N'écoutant que son cœur, il l'embrasse alors de force. Ce qui est terrible pour elle, car bien que son esprit ne le veuille pas, son corps, lui ne peut qu'apprécier.

L'amour plus fort que la raison.

En silence, ils passent ainsi un moment très agréable, dans les bras l'un de l'autre à se dévisager à la vue de tous, la fenêtre de la pièce donnant sur la route.

Quand cela devient trop évident, il resserre son étreinte sur la taille de sa cavalière. Leurs corps s'effleurent. David a beau lui revenir en mémoire, elle ne peut lutter.

Elle se sent tellement bien dans les bras de Yves, à glisser ainsi à la lisière du périmètre de leurs élans dans un éclairage tamisé.

Cependant, elle ne peut succomber.

La vie est faite ainsi, les valeurs qu'elle s'est imposées lui dérobent ce plaisir.

Yves a tout fait pour que l'amour qu'il porte à Adélia puisse les libérer, il est allé jusqu'au Mali pour faire que les gourous éloignent l'amour qu'il a pour elle.

Mais cette demande est impossible à réaliser, Adélia a une âme blanche. Ils n'ont pu que lui donner des protections contre lui-même, pour qu'il puisse trouver la paix dans son cœur.

Après un dernier baiser, il repart tristement et discrètement, comme il était venu.

Le lendemain…

Adélia et les enfants accompagnent alors David chez ses parents, non loin de là, lui pense que c'est pour quelques jours.

Elle sait que c'est pour s'enfuir de toute cette souffrance. Sans la protection de David, elle n'aurait pu supporter les deux chocs émotionnels qui viennent de se succéder.

David a su en quelques semaines remettre le cœur d'Adélia sur pied pour lui permettre d'être prête à reprendre cette vague de terreur de plein fouet.

Rester signifie pour elle succomber aux bras de Yves, et cela, elle se l'interdit par respect pour l'amour que lui porte aussi David.

Tout laisser derrière est plus simple pour elle que de trahir son cœur.

Elle doit balayer sa vie passée

Adélia s'est parée d'une tenue élégante comme pour un départ en vacances, c'est le message qu'elle a souhaité donner aux enfants !

Les voilà alors tous installés dans un camion chargé de tous les objets qui leur tiennent à cœur.

Les enfants éprouvent une grande satisfaction à constater que leur mère est à nouveau belle, et rayonne de joie.

Ils peuvent apercevoir, dans ses yeux brillants, l'émotion d'une mère de 33 ans.

Merci, les amours, dit-elle en caressant tendrement la joue de chacun de ses enfants.

Tous les quatre sont assis à l'avant du camion, les sièges des trois enfants sont moelleux, doublés de deux couettes par leur maman.

Adélia tient à ce que ses trois petits puissent dormir agréablement durant ce long voyage. Elle seule sait, ou du moins espère, que ce voyage est un tournant de leur vie.

Elle leur a simplement dit que leur nouvel appartement de Cagnes-sur-Mer les attend pour trois longues semaines.

Le camion file à toute allure sur l'autoroute en direction de Lyon, abandonnant tout derrière eux.

Une main sur son cœur affolé, elle freine brusquement comme surprise par un message impossible à décrypter dans le ballet de tous ces feux de voitures.

Les enfants surpris se réveillent et, bercés par la musique de l'autoradio, retrouvent rapidement le sommeil.

Sauf Steve qui, dans un murmure, dit à sa mère :

Je t'aime, maman.

Je t'aime aussi, Steve, lui répond-elle.

Un toit tombe du ciel.

L'appartement qui les attend est petit mais, pour l'heure, elle a juste besoin de l'essentiel, la paix, histoire de retrouver sa raison de vivre.

Ils traversent des rues dans lesquelles règne une ambiance typique des villes touristiques où tout n'est que joie et bien-être. Depuis de longs mois, elle y pense souvent, comme si l'âme même de la ville avait déjà pénétré la sienne. À mesure qu'elle approche de sa nouvelle habitation, Adélia se sent reprendre vie.

Elle a acheté cet appartement malgré elle. Elle l'a en effet acquis en rendant un service sans mesure à une amie mourante, propriétaire de ce bien. Celle-ci lui avait demandé de lui prêter une petite somme d'argent, afin de passer ses derniers jours à faire le bonheur de sa famille. Adélia avait alors fait ce que nulle autre personne n'aurait osé... Elle lui a proposé de lui acheter à son prix un appartement qu'elle détenait, et dont elle lui avait un jour dit qu'elle n'arrivait pas à vendre. Son amie n'en revenait pas :

Tu ferais ça pour nous ? Sais-tu ce que celle signifie ? Non seulement, je règlerais nos dettes actuelles, comme je voulais le faire avec l'argent que je te demandais, mais nous pourrons aussi, avec mon mari, faire un long séjour dans un lieu où l'on nous accompagnera tous les deux à vivre les deux derniers mois de notre vie commune. Même dans mes plus beaux rêves, je n'aurais pu l'imaginer.

Son amie lui montre le mandat de vente, et voilà sa signature déjà apposée en bas d'un chèque prêt à être encaissé. Cette transaction ne doit pas parvenir aux oreilles de son mari, c'était son souhait. L'ayant reçu de sa mère en héritage, il lui aurait été difficile de penser qu'elle le vende pour régler leurs dettes.

La stabilité d'une femme.

Après son mariage, à force de travail, Adélia avait fait de belles économies. Elle eut aussi une idée originale qu'elle brevette et qui la met aujourd'hui à l'abri financièrement, grâce à sa bonne maitrise des finances. C'est ainsi qu'Adélia peut aujourd'hui faire face au drame qu'elle vient de vivre et donc garantir à ses enfants un certain niveau de vie malgré les pertes matérielles qu'ils subissent.

TRAVERSER LES MERS DE SON DESTIN

Une belle règion d'accueil.

Bien que fatiguée, Adélia est arrivée à Cagnes-sur-Mer, elle se félicite d'avoir eu ce courage.
À peine a-t-elle ouvert sa portière que Steve se réveille.

Bravo ! dit-il. *Bravo, maman, on est arrivé !*

Anthony ouvre déjà la porte d'entrée par laquelle Samantha s'engouffre immédiatement.

Génial, dit-elle de sa toute petite voix, en prenant garde de ne pas réveiller les voisins.

Un matelas à même le sol les attend. Ni une ni deux, Adélia pose un drap sur celui-ci et les voilà tous allongés, et très vite endormis.

Le lendemain matin, à leur réveil, ils découvrent l'appartement. C'est un joli studio, situé au rez-de-chaussée d'une petite résidence à proximité de la gare, des commerces, et même de la plage. La porte d'entrée fait face à celle de l'immeuble. L'appartement est bien divisé : un hall d'entrée, dans lequel on trouve de grands et hauts rangements ; un beau séjour, qui donne sur un jardin privé ; ainsi qu'une belle salle de bains avec baignoire, et une petite cuisine.

Comment allons-nous dormir ? s'exclame Samy,
Et oui, maman, ajoute Anthony.
Maman va trouver une solution, dit Steve.
Dès que nous aurons débarrassé le camion de toutes nos affaires, nous en discuterons ensemble et, bien sûr, nous trouverons une solution, leur dit Adélia.

Une heure plus tard, toutes les affaires sont entreposées dans le jardin. Ils s'assoient alors sur un canapé de cuir blanc, qui n'a pas encore trouvé sa place. Adélia prend une feuille de papier et les voilà tous les quatre à réfléchir... Dix minutes plus tard, c'est trouvé !
La terrasse, ouverte, sera fermée par de grandes baies

vitrées. On y adaptera une belle cuisine. Cela agrandira notre salon. L'ancienne cuisine, elle, sera détruite. Son espace permettra de disposer trois planches, les unes au-dessus des autres. En dessous seront disposés les casiers pour ranger les affaires personnelles de chacun. Pour le Jardin, on y installera un chalet, qui deviendra votre salle de jeux. Vous pourrez y recevoir des amis.

Une semaine plus tard, tout est déjà installé.

La famille retrouve un semblant de bien-être, pour Adélia et les enfants partir est une échappatoire à tous leurs traumatismes. Pour Samy qui ferme les portes et les fenêtres à double tour en vérifiant le tout à plusieurs reprises, c'est évident que les garçons, eux, le montrent moins, mais Adélia sait qu'il leur faut prendre le large.

L'amour en héritage.

Leur vie change complètement et cela, elle l'a souhaité, repartir de zéro et ne garder que l'amour en héritage. Ils vivaient dans l'abondance pour payer l'excès de temps d'absence.

Aujourd'hui Adélia veut qu'ils apprennent, les vraies valeurs, pas par l'argent, mais par l'attention porté à chacun, ce qui ne s'achète pas.

C'est ainsi qu'ils vivent dans ce studio, chaque objet acheté est apprécié, chaque jour leur repas est préparé par tous, même le ménage se fait avec la complicité de chacun.

Ils ont adopté un petit chat, et Samy et Steve l'ont offert à Anthony pour son anniversaire.

Il le prénomme Billy. Il souffre, mais les enfants vont bien prendre soin de lui et ils l'aiment déjà malgré tous ses vilains soucis de santé très désagréables.

Après une longue discussion et après plusieurs concessions, la petite famille décide de rester vivre sur la Côte d'Azur.

Des cœurs d'amour.

Adélia doit sortir ce soir, mais ne sait comment se vêtir quand soudain ! Samy assied sa mère sur une chaise et lui dit :

Chut, ferme les yeux.
Ne te donne pas tout ce mal pour moi, lui dit sa mère.

Les protestations d'Adélia n'ont aucun effet. Sa fille l'installe en effet dans le salon, face au miroir de la coiffeuse et lui poudre les joues, les colore légèrement puis lui maquille les yeux et ensuite les lèvres en les surlignant.
Samy, qui a fait un joli travail de maquillage, dote aussi Adélia d'une coiffure flatteuse, qui lui adoucit le visage, ses cheveux colorés en blond légèrement ombrés ont retrouvé volume et souplesse.

Maintenant les boucles d'oreilles. J'ai celles qu'il te faut, dit Samy en regardant ses frères.

Anthony et Steve tendent alors à leur mère une petite boîte acquise dans un petit centre commercial de proximité. En voyant le nom gravé sur le couvercle, Adélia lève sur eux des yeux incrédules.

Vous trois ? murmure-t-elle. *Les enfants, qu'avez-vous fait ?*

Puis elle se tait pendant un moment, l'air sombre, assez éprouvée. Pour finir, elle détourne les yeux, et alors que des larmes coulent sur ses joues, elle reporte aussitôt son regard vers ses trois enfants, les contemplant l'un après l'autre.

Vous savez comme je suis fière de vous, n'est-ce pas ? leur souffle Adélia en caressant la tête de Steve, accroupi à ses pieds.

Les enfants acquiescent, les yeux eux aussi voilés par des larmes.

Je sais que ce déménagement n'a pas été facile pour vous, mais sachez que pour moi aussi c'est difficile. Ici, nous sommes en sécurité. Et surtout, nous sommes au bord de la mer. C'est grâce à l'effort de tous que nous y sommes arrivés. De plus, sachez que maman a rencontré un homme charmant du nom d'Alberto, maintenant nous pourrons enfin être heureux et vivre en sécurité.

Ses enfants l'enlacent tous les trois. Anthony remet le son de la télévision plus fort, de celle-ci s'échappent alors des chansons douces comme des messages d'amour.

La patience faite homme.

Voilà maintenant un mois qu'ils se sont installés sur la Côte d'Azur, chacun y a pris ses aises et souhaite rester vivre ici.

Les enfants ont commencé l'année scolaire et tout se déroule du mieux possible.

À force de grandes conversations, leur complicité leur permet de tenter d'oublier ensemble le passé. Cependant , les différents traumatismes qu'ils ont subis leur jaillissent en pleine figure toutes les fois où le passé ressurgit suite à une intervention de part et d'autre en lien avec les souffrances autrefois endurées et surtout toutes les fois où leur père est en colère.

Lors d'une soirée en discothèque à Cannes, Adélia a rencontré un homme sympathique du nom d'Alberto. Le soir de sa rencontre, elle est de sortie avec une amie. C'est dans une ambiance spectaculaire qu'Adélia remarque ce garçon discret. Un peu plus tard, pour des raisons pratiques, on demande à Adélia et à son amie de se déplacer. Les voilà alors toutes deux assises à ses côtés. Cette nuit-là, ils ne font que discuter à propos de leurs vies respectives autour de différents cocktails et de quelques cigarettes, le tout dans une très belle ambiance musicale.

À peine Adélia a-t-elle quitté la soirée que déjà il lui adresse un texto :

Pouvons-nous nous revoir demain ?

Adélia sait son cœur encombré. Pourtant, ce garçon lui plait et elle doit continuer à vivre.

Le lendemain, c'est donc dans un petit restaurant en face de l'hippodrome qu'il l'invite à déjeuner.

Adélia lui raconte à cette occasion la raison de son arrivée ici ainsi que son dramatique parcours.

Alberto n'est pas effrayé, au contraire, il est plutôt admiratif du courage de cette mère à tel point qu'il souhaite rencontrer ses enfants.

À son retour à la maison, Adélia leur en parle, eux aussi souhaitent le rencontrer. Billy le chat et le lapin nain offert par Alain Bernard à Steve donnent aussi leur approbation.

Tous sont adorables avec Alberto, qui le leur rend bien, c'est bientôt Noël lorsque Alberto emménage chez eux.

Durant de longues heures, Adélia prépare son arrivée, elle informe les enfants qu'il a perdu sa maman en période de Noël et que donc il ne faut pas évoquer cette fête. Ils peuvent, par contre, lui faire une surprise.

Chacun lui achète alors un cadeau de bienvenue. Samy lui offre une jolie bouteille quant à Steve, il a choisi une canne à pêche pour qu'ils puissent pêcher ensemble. Anthony, qui lui, a tenu à faire un clin d'œil à sa passion, lui achète un cheval en verre qu'il a tellement enveloppé pour ne pas qu'il se casse qu'il parait faire quatre fois sa taille.

À peine Alberto a-t-il franchi la porte que Steve lui attrape la main pour le faire entrer et le faire asseoir sur le canapé. Alors qu'Adélia dresse timidement la table pour servir l'apéritif, son ouïe se retrouve comme brouillée. Ses trois petits garnements sont assis autour d'Alberto à le scruter des plus tristes de leurs regards lorsque Samy lui dit :

Ne t'inquiète plus, maintenant, nous on t'a adopté.

Adélia est autant émue que son invité. Ouf, comme elle le leur avait demandé, ils ne lui ont pas dit «Joyeux Noël.» Discrètement, elle leur demande de venir dans le jardin où elle leur dit à l'oreille :

Surtout, sachez que c'est grâce à l'effort de tous que nous y sommes arrivés. Maintenant, tous ensemble nous allons être heureux. Avec Alberto, nous sommes une famille.

Les enfants l'enlacent alors tous les trois.

Adélia passe ensuite par une phase difficile. Elle a eu la main heureuse de rencontrer cet homme qui, chaque jour, ne vit que pour elle et ses enfants, mais la tension qui habite toujours la jeune femme est palpable et peu de choses peut la faire chavirer.

Pour ne rien arranger, les amours qu'elle a laissées au loin persistent.

Le téléphone insiste.

Un lundi matin, son portable sonne : *c'est Yves !*

Ne pas répondre, surtout ne pas répondre ! Loupé.

Allo ?
C'est Yves tu me manques et les enfants aussi.
Non, pas toi, tu ne dois plus me téléphoner, nous étions d'accord.

Elle raccroche, sourit et, en fermant les yeux, s'aperçoit que des larmes perlent au bord de ses cils. Elle reste sur son lit, le cou lourd, le combiné sur son ventre, toujours drapée dans son peignoir, consciente de sa nudité en dessous, deux larmes roulent sur ses joues, elle les essuie puis laisse son regard s'évader dans le vide. Va-t-il refaire sa vie ? Avec qui ? Comment ? Elle sait qu'ils ne pourront, tous les deux, plus jamais aimer aussi intensément.

Cette pensée rend Adélia tour à tour irritée et déprimée.

Qu'adviendra-t-il s'il continue cette quête douloureuse qui ne peut mener nulle part ? Que se passera-t-il s'il vient les rejoindre comme il en meurt d'envie ? Elle soupire, ramène sa tête contre les montants métalliques de son lit et ferme les yeux. Il n'y a pas de réponse à ces questions à cet instant, il y a seulement le luxe silencieux de son appartement et la confusion dans son cœur. Celui-ci est en miettes, elle sait qu'il lui faudra du temps pour le réparer.

Alberto, de son côté tente, de passer outre cette situation qu'il sait être une arme de fer contre lui, il essaie de faire en sorte que cette famille soit heureuse et son attention à leur égard est totale. Adélia a perdu toute sa joie de vivre et sa confiance en elle. Il fait tout son possible pour la rendre heureuse ou du moins pour qu'elle en ait l'air et met tout en œuvre pour qu'elle guérisse rapidement de cette dépression qui la ronge et qu'il comprend si bien.

C'est à Alberto que les enfants se confient dans les premiers temps, pendant qu'Adélia petit à petit se reconstruit, les jours, les semaines, les mois... Le temps passe et, tout doucement, les choses reprennent leur place.

2002 - Juan-les-Pins -

Adélia a retrouvé un semblant d'équilibre, la voilà qui trouve un appartement qui leur ressemble, à Antibes.

C'est un magnifique trois pièces dans un immeuble moderne au nom prédestiné de *Katmandou* situé en centre-ville face au Lycée *Audiberti* et à la belle maison des étudiants. Elle est séduite, le séjour dispose d'une vue sur les palmiers tandis que les chambres plongent sur un parc couvert de pins et de plantes fleuries, il est aussi placé à proximité des écoles et aussi des plages de Juan-les-Pins, ce n'est que du bonheur, c'est pourquoi elle l'achète... Les voilà donc en plein déménagement.

Le temps passe, les enfants grandissent et Adélia continue sa reconstruction. Submergée par un mal-être, la maman qu'elle est a perdu sa confiance en elle à force de trop d'épreuves, elle tente de se faire aider et enfin, trouve la force de se faire interner dans une clinique niçoise réputée.

La petite famille est prête à partir visiter l'arrière-pays niçois, ainsi lors du repas, Adélia et Alberto leur expliquent la raison de l'hospitalisation de leur mère qu'ils tentent de comprendre.

Alors qu'ils sont tous installés dans la voiture, Samy se fait attendre, Anthony et Steve s'agitent dans l'habitacle.

Bon, je vais voir si je peux presser un peu Samy. Tu sais comment sont les filles quand elles se préparent... A tout de suite, dit Alberto à Adélia.

Sur ces mots, il ferme la portière laissant Adélia et les garçons dans l'attente de leur retour...

Elle songe que malgrè ce qu'elle s'était promis, elle se tient difficilement à la frontière de la raison et du bon sens, prêtE à franchir le pas qui provoquerait un désordre unissant leurs vies. Alberto tient à prendre soin d'eux, il a promis à Manuel que quoi qu'il arrive ce serait sa mission. Il lui est impossible de laisser tomber cette femme si douce et fragile qui dégage sur lui un parfum de mystère dont tous auraient voulu goûter le miel.

Tous deux se font une promesse, ils partageront leur vie dans le respect et l'amour afin de permettre à ces trois enfants au cœur blessé de se reconstruire. Ils s'engagent à bien leur adolescence et à faire qu'elle leur soit le plus douce possible.

Voilà enfin Samy et Alberto qui entrent dans la voiture. Vingt minutes plus tard, ils sont déjà arrivés. Lorqu'ils sortent de la voiture une dame heurte Adélia. Alors qu'elle tente d'engager une discussion avec elle, cette personne esquive. Samy lui dit alors :

Maman, pourquoi tu ne parles plus à personne depuis

longtemps ? Avant, tu souriais souvent. Mais maintenant, tu es toujours triste.

Samy, je te promets d'essayer de me soigner et ce, dès demain.

Alberto rassemble alors les garçons autour d'elles et leur dit :

Voilà, les enfants : justement nous voulions en parler avec vous aujourd'hui, votre mère va rentrer à la clinique dans trois jours et on ne sait pour combien de temps, ça ne se voit pas, mais elle va très mal dans sa tête. Ils vont la soigner, et nous les aiderons. Ok ?

Cette journée-là se passe ensuite sans heurt, chacun souhaitant profiter de sa maman encore un petit peu...

Une clinique psychiatrique miracle.

C'est dans une magnifique chambre donnant sur un parc que l'on installe Adélia, les enfants ne sont plus inquiets, ils pourront aller et venir quand ils le souhaitent. Chaque jour, Adélia suit des thérapies sous forme d'ateliers, c'est ainsi que très vite le psychiatre détecte sa blessure.

Le feu de la maison fut pour elle comme un traumatisme de guerre, voir sa maison complétement calcinée a emporté son cerveau dans une dimension où tous ses enfants étaient morts. De ce fait Adélia s'est alors nourrie d'une culpabilité due à la non-protection de ses enfants, lors de l'incendie la blessure de l'abandon de sa maman s'est rouverte, sans qu'elle en soit consciente.

Huit jours d'hospitalisation ont suffi à Adélia pour se retrouver... À sa sortie, c'est une autre femme...

Aujourd'hui les enfants ont grandi, chacun possède bien sûr ses bagages de douleurs, mais aussi de grands bonheurs. Adélia, qui a pris du recul, réalise qu'elle se doit de reprendre sa vie là où elle s'est arrêtée. En disant ces mots à Alberto, elle lui effleure le bras, laissant sa main s'attarder sur sa manche tandis qu'elle s'éloigne...

Il reste là sans un mot car il n'y a rien à dire... Depuis leur arrivée sur la Côte d'Azur il a donné tout son amour à cette femme et bien que son cœur ait été trop immergé par la force de ses amours précédentes qui l'avait suivi au plus profond de son âme, il a tout de même voulu croire à leur histoire. Elle aussi, comme lui, y a cru de toutes ses forces durant leurs longues années de vie commune.

Mais même la distance n'éloigne pas ceux qui s'aiment. Malgré toute l'attention et la complicité qu'une mère peut accorder à ses enfants, le père absent crée un réel déséquilibre. Un beau-père se doit alors de tenir le rôle du père sans jamais en prendre la place ce qu' Alberto a su faire à merveille.

D'un commun accord, ils se séparent trois ans après qu'Adélia a trouvé la maison de ses rêves. Une maison qui la fait replonger dans la période où elle a perdu celle d'Aubigny, mais elle a enfin retrouvé l'équilibre qu'elle avait alors perdu, ce qui éloigne la colère et la peine passées.

Adélia est aujourd'hui totalement reconstruite.

Son fils Anthony s'éloigne...

Ce jour-là, Anthony a dormi à la maison. À l'heure du réveil...

<u>Un matin de juillet</u>

Maman, lui dit Anthony, *tu n'as pas oublié que je pars ?*

Elle stoppe son mouvement et le dévisage durant un long instant.

Ne sois pas triste ! Je suis attendu et en plus tu connais Isabelle, ma marraine, elle m'accueillera comme il se doit.

À d'autres, Anthony ! Je suis ta mère et bien sûr te savoir loin ne peut que m'attrister, mais je comprends.

Il faut que j'y aille, maman, murmure Anthony en s'écartant. Adélia l'accompagne à la cuisine, où elle lui tend un sandwich enveloppé dans du papier alu ainsi qu'une enveloppe contenant un peu d'argent.

Tiens je n'y ai mis que du jambon et du fromage, mais tu l'apprécieras sûrement en route.

L'enfant sait qu'il emporte un sandwich rempli d'amour, pas un vulgaire jambon-fromage.

Merci, maman, je suis certain que je serai content de le trouver, tu as raison. Allons ! Tu n'as pas besoin de m'accompagner en voiture, je peux y aller seul.

Des larmes brillent dans les yeux de ces deux êtres.

J'y tiens, proteste Adélia.

Elle fait comme bon lui semble et une fois arrivée à la gare et sortie de la voiture, elle reste sur les marches du hall d'entrée, appuyée sur la barrière qui l'empêche d'accéder au quai.

Anthony monte alors dans le wagon et met ses lunettes de soleil avant d'escalader l'escalier qui mène à l'étage où sa place est réservée. Là-haut, il jette un coup d'œil par-dessus son épaule. Le soleil, quasiment à son zénith, rend ses cheveux fins étincelants, son jean bleu semble le porter tel une fée.

Le train gris est porté par le bruit des sifflets qui signalent son départ pour Paris.

Alors qu'il s'assied à sa place, le soleil met en valeur un énorme palmier, qui fait mine de le recouvrir, comme pour le protéger.

CHAPITRE 8

<u>22 juillet 2009 - vers 20h30.</u>

Une force mystérieuse la pousse à sortir, juste pour accompagner une amie déprimée. Sa voiture semble guidée par une étoile plus brillante qui la dirige et l'arrête devant un club, et ce fut là que son plus beau cadeau lui fut offert, la rencontre d'une passion…

Un prince de l'art.

C'est une belle histoire, une rencontre comme l'on en fait peu, faite de tellement de rêves qu'il lui parait être un prince de l'amour. Avant même qu'elle en prenne conscience, son cœur est submergé d'admiration pour ce grand peintre. Sa passion est telle que même les vingt ans qui les séparent n'existent pas à ses yeux ni à ceux de ses enfants. Ce n'est une fois encore que du bonheur.

Naissance d'une passion.

Il ne lui a fallu vivre que quatre mois à ses côtés pour que l'admiration qu'elle lui porte s'imprègne en elle, et fasse d'Adélia Martins, mère au foyer en recherche d'une passion quelconque, une grande Artiste Peintre.

Le premier coup de pinceau d'Adélia sur une toile semble irréel. Sa première toile est vendue avant même qu'elle ait eu le temps d'y apposer sa signature. Ses mouvements de couteaux sont si francs et empreints de force que le regard de chacun, une fois porté sur ces toiles, ne peut y rester insensible.

Une élève dépasse son maître.

Chaque exposition d'Adélia ne manque pas de provoquer un engouement certain auprès de ses fans. Un samedi soir en fin d'exposition, Adélia est réclamée par ses visiteurs qui l'invitent à développer l'émotion des quelques tableaux qui y sont exposés. Le public souhaite volontiers garder Adélia sur scène, mais à l'issue de son deuxième discours, elle remercie son hôte, fait un salut à son auditoire et replace le micro à côté de son pied.

Tandis qu'elle rejoint sa table, une douzaine de personnes la complimentent et plus encore... Lorsqu'elle y parvient, son maître, charmant, rougit de fierté.

Tu les as subjugués, ma chérie, je ne sais pas de qui te vient ce don, mais certainement pas de moi.

Les gens débordent d'amabilité, défilant les uns après les autres pour l'interroger sur les aspects dégagés par d'autres toiles, mais aussi la remercier pour cette émotion qui éveille chez chacun un sentiment différent.
Adélia se retrouvr être le centre d'intérêt, la dame
« Du mystère du pinceau de l'âme »

En parallèle se produit un phénomène assez inattendu, maintenant qu'elle s'est exprimée sur l'émotion de ses toiles.
Elle devient aux yeux de tous une sorte de superstar que l'on craint d'importuner, aussi les gens gardent-ils leur distance, ils passent, ils lâchent rapidement quelques mots, histoire de raconter qu'ils lui ont parlé, puis filent en la laissant seule parmi la foule. Si son maître avait été là, peut-être aurait-elle pu danser avec lui, mais il est parti ce, pour toujours...

Six mois plus tard…

Adélia rencontre Monsieur Nadir Benmatti (président du Rotary Club de Cagnes-sur-Mer) qui est admiratif de son travail et lui commande une toile pour la couverture de son prochain livre : « Mediterrapaix ».

Aujourd'hui, Adélia est illustratrice de nombreux romans, affiches, et autres…

Elle a créé une association à laquelle elle reverse des dons recueillis à partir des ventes de ses tableaux, pour soutenir différentes causes humanitaires, donne des cours de peinture, etc.

Adélia est également agent d'artiste.

LA COLOMBE BLANCHE SE BRULE LES AILES

Enfin, Adélia sort indemne de ses blessures et transmet à autrui ses messages via ses toiles…

C'est ainsi qu'elle rencontre Cédric, l'homme qui lui correspond, dans toute sa mesure.

Sa vie continue dans une maison de passions...

<u>Aujourd'hui - vers 2h du matin…</u>

Adélia partage sa vie avec Cédric. Steve et Billy sont encore à la maison.

La Villa « La Vivaraise » située sur leur jardin d'Éden, à Juan-les-Pins, la protège telle une fée.

Lorsqu'elle visite cette maison, huit ans avant, sans réellement chercher à l'acquérir, elle reçoit un message, une image, alors qu'elle est sur la terrasse de la chambre et qu'elle se promène dans la maison : un choc ! Elle la connaît déjà…

Elle met en vente son bel appartement du Katmandou et rencontre alors ses acheteurs, un couple de jeunes retraités de 84 belles années aux cheveux blancs bouclés, presque trop beaux, qui l'emmènent avec la jeune Alexandra à San Francisco et à Las Vegas où une magnifique confirmation du mariage de Éliane et Jean Charley Gallais s'est déroulée sous l'organisation magistrale des délicieuses Adélia et Aléxandra, toutes deux témoins assermentées, l'ensemble avec énorme limousine, superbe diamant, fleurs et diner dans une ambiance exquise qui leur est offerte par Adélia. Ce voyage renforce leurs liens de profonde amitié au point de les considérer tels parrain-marraine pour leurs joies communes.

Adélia met alors tout en œuvre pour acheter la villa « La Vivaraise » et en devient son heureuse propriètaire.

Enfin, elle vend sa Porsche qu'elle avait conservée pour garder la force de croire qu'elle ne se perdrait pas dans ce tourbillon de drames qui a un peu trop coloré sa vie.

« La Vivaraise » lui ressemble. Et la rencontre de Cédric vient encore l'embellir.

Cédric est piscinier et créateur d'espace, pour sa belle, il crée l'impossible...Un jardin d'Éden.

Situé à deux pas de la plage à proximité de la gare et de toutes commodités. La Villa « La Vivaraise » est de couleur ocre, agrémentée par des menuiseries couleurs vieux rose, au centre d'un parc de sept cent mètres carrés.

Toutes les pièces aussi bien à l'étage qu'au rez-de-chaussée sont ouvertes sur des terrasses fermées par des ferronneries délicates blanches, mettant en valeur chaque palmier qui les couvrent.

Le jardin d'Éden - Signe de sérénité

Un cadeau que lui offre Cédric.

L'entrée vous accueille par un serpent fait au sol, de pierres blanches et noires.

Une allée d'arbustes et de fleurs mauves vous accompagne ensuite jusqu'à une statue de deux mètres de haut, représentant une femme nue, un voile sur l'épaule et une colombe posée sur sa main vous invitant à visiter son espace Romain. Un spa géant fait de verre noir et de jets en cascades vous emporte. Entouré par des colonnes de part et d'autre, il est surnommé : « Cléopâtra ».

À ses pieds? un barbecue discret et de toute magnificence sur un lit de galets blancs ; sur la droite, une cascade faite à partir de tous les souvenirs d'Adélia, dont une amphore d'où s'écoulent les eaux les plus hautes qui lui rappellent un voyage dans les îles. Les coquillages qui réceptionnent les eaux coulantes viennent d'autres pays qu'elle a eu la chance de découvrir. Même l'ardoise qui lui permet d'avoir un lit d'eau est entreposée devant la maison.

Pour se reposer afin de se détendre au bruit de la cascade, une tonnelle est dressée à proximité avec, à ses côtés, une douche et un bar fait par les mains d'or de Cédric. Sur l'autre côté du parc, derrière l'espace de stationnement se dresse un chalet : c'est la cuisine d'été qui fait aussi office d'atelier de peinture, sans omettre bien sûr les toilettes que Cédric crée au retour du Brésil pour en garder là aussi, un souvenir.

La vie de ses amours.

Samy vit à Antibes avec son amour Baptiste, un être adorable, le plus merveilleux des gendres. Ils habitent à trois minutes de la maison dans un joli appartement. Elle occupe un poste à responsabilités dans un cabinet comptable, lui est ingénieur informaticien.

Anthony a quitté notre région pour aller vivre à Paris où il à séjourné durant quelques années. Maintenant il vit dans la région de Tours où il partage sa vie avec une adorable jeune fille du nom de Tracy. Le destin les à réunis. Tracy est la fille de Sonia... Ma soeur de coeur de l'école privée à Versailles... Que j'avais pérdu de vue depuis 20 ans.

Steve vit à la maison et fréquente une adorable poupée nommée Océane, il occupe avec brio un emploi dans l'entreprise de Cédric.

<u>Aujourd'hui</u>

Alors que Cédric, déjà en retard, s'apprête à partir à un rendez-vous, c'est le facteur qui frappe à sa porte pour lui livrer un colis. Une grande envie de l'ouvrir le submerge, à tel point qu'il trouve ce facteur bien encombrant… À peine ouvre-t-il le côté droit de l'emballage que, comme par enchantement, les choses lui semblent écrites ! De son index il dégage une petite carte, qui ne demandait qu'à s'extraire du colis et sur laquelle on pouvait lire :

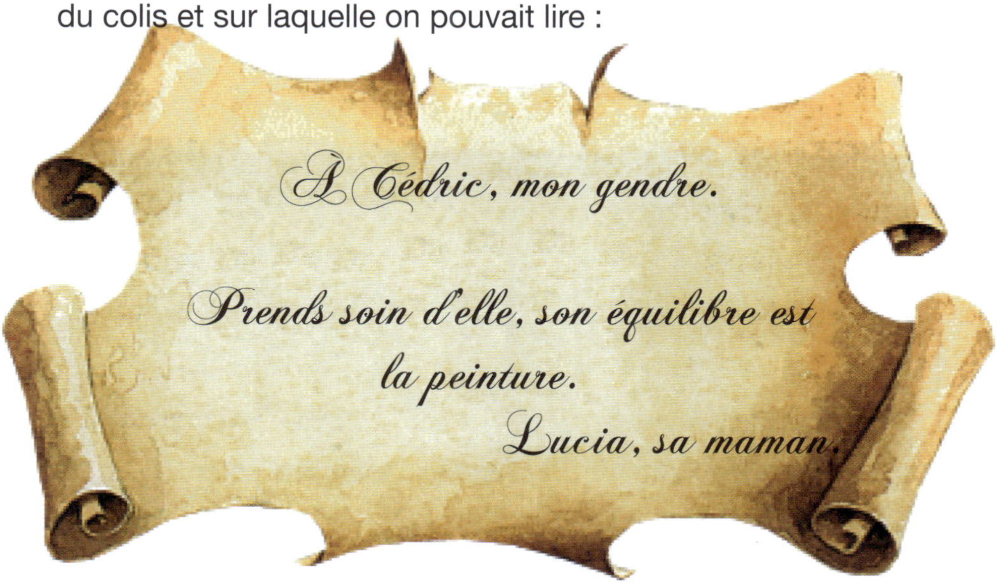

Son cœur se met à battre la chamade, il sait que ce sera leur secret, à lui et à Lucia.

Ce facteur était finalement très sympathique. Le temps ne lui parait plus une gêne et même le ciel semble lui sourire. Il déchire vivement le reste du carton afin de dégager ce si beau livre imprégné d'un message si poignant, salue le facteur et sans même avoir signé son document, descend quatre à quatre les marches de la villa pour enlacer de tout son corps Adélia, qui peint dans son atelier.

Demain matin et encore demain et tous les jours suivants quand il le contemplera, il pensera...

C'est comme si c'était écrit :

« LES MYSTÈRES DU PINCEAU DE L'ÂME ».

FIN.

L'amour passion

Un message à mes trois enfants, Samy, Anthony et Steve, mon équilibre.

À mon père, Manuel,

À mes frères et ma soeur : Justin, Manu et Maria, toujours là pour me soutenir.

À vous, ma famille et vos adorables conjoints…

Et à mon amour Cédric…

À vous tous qui, par l'amour de mon art, faites que je dévoile chaque jour de nouveaux messages picturaux.

En Mai 2016, Cédric à force de passions et d'évasions dans l'art d'Adélia Martins...
Par la force de sa sensibilité, il devient un Sculpteur innovent où les chaines sont son maitres et se déclinent dans ses créations comme pour vous livrer un message.

La vie au Portugal -1968-1971- Le Portugal au temps de SALAZAR

Salazar devenu Président du conseil des ministres de son pays entre 1932 et 1968, initia une politique appelée « Estado Novo » (régime autoritaire, nationaliste, conservateur, catholique et anticommuniste). La doctrine de Salazar avait pour vocation de protéger et servir d'arbitre à une économie organisée sur le principe du corporatisme inspiré des encycliques pontificales. Sa politique fut plébiscitée par l'extrême droite française, et la Révolution nationale du Maréchal Pétain trouva son origine dans le salazarisme. Refusant le culte de la personnalité comme tous les dictateurs de son temps (notamment celle de son voisin Franco), Salazar vivait très simplement. Ce grand dictateur du XXe siècle dirigea le pays d'une main de fer, maintenant son hégémonie personnelle avec le soutien de riches propriétaires, d'industriels et de banquiers. Syndicats et presse indépendante étaient interdits ainsi que toute opposition politique, dissidente ou hostile. Le PCP (Parti communiste portugais) dut s'exiler pour survivre. Le pouvoir de Salazar avait pour base le parti unique « l'Union nationale » qui favorisait l'Église catholique, apostolique et romaine ainsi que les corporations dans l'unique but de prendre le total contrôle sur la société rurale et urbaine portugaise, mettant la famille et ses valeurs au-dessus de tout. Cette dictature déguisée en beaux principes moraux et familiaux oubliait que la nature humaine n'est pas angélique. La devise du pays Dieu, Patrie, Famille ». Fut péjorativement moquée en FFF pour « Fado, Fátima, Football ». Le règne de Salazar dura 36 longues années de pouvoir. A son apogée, il en fut écarté en 1968 à la suite d'un grave accident vasculaire cérébral mais, ayant été nommé Président du Conseil à vie, il continua quand même à gouverner par procuration jusqu'à sa mort le 27 juillet 1970. Il fut remplacé par un ancien responsable de la jeunesse salazariste, Marcelo Caetano, lequel fut renversé en 1974 lors de la très fameuse Révolution des œillets laissant le Portugal très affaibli sur le plan économique. Le 25 mars 2007, un sondage réalisé au Portugal par la BBC et publié par la RTP mettait Antonio de Oliveira Salazar comme étant la personnalité la plus importante de l'histoire lusitanienne avec 41 % des voix. Ce sondage a été confirmé depuis par plusieurs autres études similaires mettant même Salazar devant Vasco de Gama. (Extraits de Wikipédia)

POSTFACE DE NADIR BENMATTI

Mon histoire avec Adélia Martins date de quelques années. Je suis très heureux de son parcours d'artiste et fier de l'avoir encouragée au moment où elle avait décidé de s'engager dans la voie difficile mais valorisante de la création. Il faut avoir des dons mais aussi la volonté d'émerger.

Adélia a l'habitude des pinceaux. Depuis quelques années elle les manie avec dextérité pour mettre les couleurs en mouvement.

Ses tableaux sont éclatants dans tous les sens du terme.
Elle met en œuvre des contrastes souvent en douceur et parfois avec fougue.
Ces contrastes sont en elle.
Tout en elle est en ébullition.
Elle est déterminée mais fragile aussi.
Elle est ambitieuse mais émotive.
Elle est créative mais toujours dans le doute.
Elle est impulsive mais toujours réfléchie avant d'agir.
Elle a les pieds sur terre et la tête dans les étoiles et parfois dans les nuages.

Fidèle, elle sait cultiver les liens.
Son roman est un essai qui rassemble des souvenirs épars et tente d'exprimer des sentiments ou des impressions.

Réelle ou imaginaire, ou les deux à la fois, son histoire n'est pas ordinaire.

Cet essai lui ressemble car c'est une combinaison de textes et de tableaux. En réalité, sa plume et ses pinceaux s'associent, pour lui permettre de s'exprimer et de s'extérioriser.
Elle avait le coup de pinceau, elle a réussi à acquérir la confiance en elle.
Comme à son habitude, elle va au bout de son défi.

Nadir Benmatti, auteur de plusieurs publications.

L'artiste Adélia Martins crée son style Art Pictural Emotif et touche l'âme de Michel Hidalgo

Adélia Martins, remarquée dès lors qu'elle pose son premier pinceau en 2009, est aujourd'hui une des artistes de son âge les plus cotées au monde par les experts internationaux Akoun et Drouot.
Ses toiles sont comme une traversée artistique et vous emportent dans les abysses de « l'Art Pictural Emotif » vous entraînant à travers les couloirs de son fabuleux destin à découvrir : « adeliamartins..com ».

C'est lors de l'écriture du premier roman d'Adélia Martins.
« Les mystères du pinceau de l'Âme » que Michel Hidalgo touché autant par son art que par ses messages, lui fait part de son rêve de toujours ...devenir peintre.... Et c'est de suite qu'Adélia, honorée, accepte !

Michel Hidalgo, nous présente ses oeuvres peintes à quatre mains avec Adélia Martins. C'est une nouvelle carrière qui s'offre à lui et c'est avec toutes leurs sensibilités qu'ils nous emportent dans leur monde féerique : voyager à travers l'art émotif, en permettant à nos âmes touchées par la magie des couleurs et des formes, des envolées célestes.

Tel Midas qui transforme tout ce qu'il touche en or. Michel mute son identité d' entraîneur de l'équipe de France de football en celle d'artiste reconnu par ses pairs et offre ainsi une préciosité absolue à son travail.

Un grand merci à Cathy Varna (auteure, compositrice, interprète) et à Patrice Guerrucci (auteur, compositeur) pour les 2 titres écrits en l'honneur de cette fusion et pour le titre qu'ils offrent aussi à Adélia.

Art Monde Solidarité — CANNET CE EXPERTISES — ALF AND CO2 — AEROPORTS DE LA COTE D'AZUR — Art — PixyGraph

POSTFACE DE MICHEL HIDALGO

Et nous quand nous sommes en colère, nous prenons un feutre ou un pinceau et nous faisons un dessin ou un tableau.

C'est notre moyen de montrer nos pensées « écrit par la réaction de Plantu» Non bien sur il n'y à pas que des dessins pour la paix et pour la liberté il y à aussi la peinture du bonheur d'Adélia Martins

cette jeune femme dépose ses émotions et les drape de la puissance de ses couleur et de la douceur d'une peinture sacrée et, pour moi, venant du sport c'est un bonheur de partager des moments d'amitiés avec adélia, des moments d'amitiés et de couleurs.

Sa sensibilité est très grande ce qui vaut autant d'engouement pour ces toiles, chacune et un paysage, et cette énergie de couleur explose à notre regard et à notre émotions. Adélia Martins, cette peintre au grand cœur, nous prends par nos sens et nous emmène dans nos mondes onirique.

L'exemplarité n'est pas une façon d'influencer c'est la seule.

Un art découvert par Adélia.

DAVID CASADO
Chante Adélia

CATHY VARNA
Chante Michel Hidalgo et Adélia Martins

Adélia Martins, Présidente du « Guide du Meilleur Choix, Prestige & Qualité Arts et Métiers International » (www.prestigequalite.am), ambassadrice d'exposition, met à l'honneur :

Cédric Hérard

D'un caractère sensible et délicat, dés son plus jeune age il sculpte dejà le bois sous toutes ces formes.

De son métier : Piscinier, il en fait un art à part et là encore il se dévoile artiste dans toutes ses créations : Spas, piscine, cascade...

La création est pour lui comme une évidence et c'est suite à une belle rencontre avec une artiste peintre qu'il se révele enfin au public sans retenues.

Il nous présente son art : Art Chaînes-Sculptor où chaque oeuvre se déclines par la puissance de chaines... comme pour nous livrer un message...Le sien...

Cédric Hérard : 06 62 19 65 94
cedricherard@hotmail.com
www.herard-cedric.artistescotes.com

Laurent Cabiac - Facebook Laurent Cabiac

Laurent Cabiac créer l'Art Multi-Dimensionnel.

Avec à la base des études scientifiques. C'est l'évasion qui l'emporte à travers l'écran depuis son plus jeune âge.

Il étudie l'infographie et crée son entreprise en 2006, puis le design l'emporte dans l'évènementiel. Il réalise des créations de mobilier pour de grandes boîtes de nuits, il participera entre autres à l'organisation de la mise en scène du mariage d'Albert II de Monaco.

Puis il associe à son talent l'illustration et l'écriture et devient un éditeur reconnu.

C'est ainsi que sensibilisé par le synopsis du roman d'Adélia Martins, peintre reconnue « Les mystères du pinceau de l'âme ». Il lui propose de l'éditer, ce qu'elle accepta immédiatement honorée par cette attention.

En Mars 2016, c'est Adélia Martins, invitée d'honneur, qui a son tour reconnait le talent artistique de Laurent Cabiac et l'invite à exposer ses œuvres à l'aéroport de Nice Côte d'Azur.

Laurent Cabiac : 06 52 53 10 51
laurent_cabiac@hotmail.fr
www.laurentcabiac.fr

L'Art Pictural
Émotif
ADÉLIA
MARTINS
crée
son style

Exposition du 2 mai au 30 juin 2016

VALSE DES SENS VOL : AM 2016

DÉDICACE DU ROMAN
LES MYSTÈRES DU PINCEAU DE L'ÂME
PAR ADELIA MARTINS

Invités d'honneur

Michel Hidalgo
&
Adélia Martins

CECILE CALLENS
CEDRIC HERARD
FRED DEPIENNE
GALERIE SEILLER
JEAN CLAUDE COLOMBANO
LAURENT CABIAC
MILY
MIRABELLE
PATRICE LE GALL
PRISCILLIA FRIGNATI
ROGER DANIEL GUILLET
THOMAS LEMAIRE

L'ENVOL DE J.M. FONDACARO

TOILE DE LIN
HUILE ET ACRYLIQUE
920 X 730 MM

Coup du destin

AÉROPORT NICE COTE D'AZUR - CENTRE D'AFFAIRES

2e étage du Terminal 1

Entrée libre du lundi au vendredi de 8h à 19h

Art Monde Solidarité — CANNET CE EXPERTISES — ALF AND CO2 — Association Les ART'Ochtones — AEROPORTS DE LA COTE D'AZUR — Art — PixyGraph

Adelia Martins was discovered as soon as she first used a painting brush. She is one of the most young and quoted artist in the world. She has already been recognized by Akoun and Drouot.

Her artistic works are like a trip around the colours, sending the watcher into the abyss of the pictural and emotive art. Adelia Martins paintings crossed the corridor of her fabulous destiny. And now, people are able to share her artistic paradise.

Her favorite subject is mixing elements between seas and skies.

Adelia Martins provides to spectators a view into her world. Her works introduces you into your intersoul and emotions.

With a magical effect of colours, she carries the ones who look at her works, to a divine place hidden deeply into the heart !

As Midas who transformed in gold all what he touched, Adelia mutated her identity of business woman into an renowed artist, giving to her works, an absolute preciosity.

To achieve her gifts, Adelia became also a writer.

In her biography, she explained who she is and what made her move from a business world into an artistic planet !

That artist who invents a new pictural style, will leave her print into the book of Arts.

Through the pictural and emotive art, everybody can dive into a colored space and make his own artistic travel according his emotions and feelings !

Adélia Martins : 06 89 31 14 05
e-mail : edene06@hotmail.fr
www.adeliamartins.com

Adélia Martins remarquée dès lors qu'elle pose son premier pinceau en 2009.
Elle est aujourd'hui, une des artistes les plus cotés au monde de son âge par les experts internationaux Akoun et Drouot.
Ses toiles sont comme une traversée artistiques et vous emporteront dans les abysses de « l'Art Pictural Emotif » vous entrainant à travers les couloirs de son fabuleux destin à découvrir : « son eden artistique ».
Ses thèmes de prédilection sont l'association d'éléments entre ciel et mer.
Adélia Martins fait voyager le contemplateur à travers le pays de l'art émotif, en permettant à nos âmes touchées par la magie de ses couleurs et formes, des envolées célestes.
Tel Midas qui transforme tout ce qu'il touche en or. Adélia mute son identité de femme d'affaires en celle d'artiste reconnue par ses pairs et offre ainsi une préciosité absolue à son travail.

Adélia Martins peintre et illustratrice de roman, devient à force de passion écrivaine :
« Les mystères du pinceau de l'âme ».

Adélia Martins : 06 89 31 14 05
e-mail : edene06@hotmail.fr
www.adeliamartins.com

Un roman bouleversant et passionnant.

Michel CLARET réalisateur
Découvre le roman d'Adélia MARTINS
(artiste peintre et écrivain)

Adélia Martins s'avoue d'emblée hypersensible. De la part d'une artiste-peintre, l'on n'en attendait pas moins. Dans sa gestion, qu'elle juge elle-même instinctive, de la puissance chromatique, le statique s'enfuit au profit de l'élan, du relief inattendu, de la présence, des valeurs.

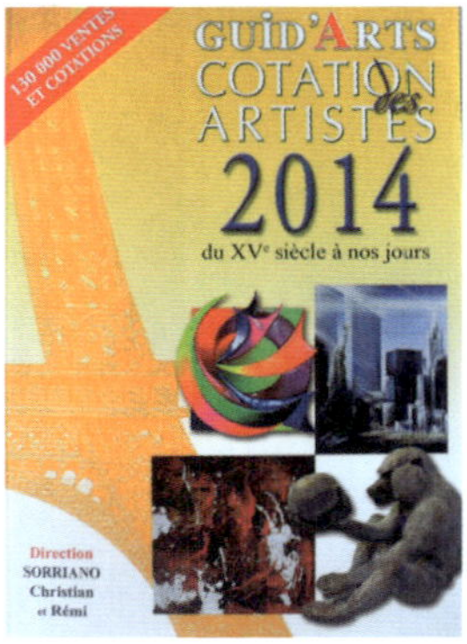

À combien, estimeriez-vous l'importance de l'iconographie au sein d'une publication ? Plus précisément à l'endroit d'une première de couverture ou d'une jaquette. Aucune incidence, diriez-vous, en littérature, seuls compteraient la plume et son jumeau le talent ? Une illustration, fût-elle transcendante, pourrait-elle avoir l'impudence d'emboîter ainsi le pas sur les chapitres du contenu, gourmand lui-même de métaphores et d'images littéraires ?
Certains répondront « la moitié » ou bien « les deux tiers »...
L'écrivant juxtapose des mots à d'autre mots, pour former un ensemble destiné à produire des « scènes » dans l'imagination du lecteur. Le peintre, lui, juxtapose des pigments à d'autres pigments afin de produire un effet, des émotions, sur lesquelles viendront enfin s'apposer par bonheur des mots, puis des phrases...
Les uns s'expriment donc en iconographie verbale et d'autres en iconographie picturale. L'association entre eux deux, de nature heureuse, exige cependant une adéquation parfaite : valeurs transmises, sensibilité, agencement.
Adélia s'est alliée à plusieurs écrivains jusqu'à présent, tous en édition à compte d'auteur : Laurence-Marie Delobette, Murielle B., Nadir Benmatti, Ariane Kalfon-Michel, Patrick Lecointe et Sergueï Kolessnikow et, enfin, Phryxos Durand. Tous propulsés par le biais des éditions RIC.
À mi-chemin entre le figuratif et l'abstrait, l'artiste évolue dans un style pictural émotif qui s'affirme sans prétention en interpellant le regard. Mais ce qui interpelle davantage sont ses paroles : « Les lettres et les mots sont pour moi des étrangers lorsque je dois les écrire. Pour autant, quand une littérature, fictive ou réelle, me saisit, je suis soudain transportée dans leur pays. J'ai toujours été fâchée avec le stylo et le fait même de voir associées mes œuvres à celles d'auteurs littéraires me semble tout à la fois un paradoxe et un émerveillement. »

GUIDE DU MEILLEUR CHOIX
ARTS & METIERS

Il est le seul livre qui rassemble le prestige des arts et métiers.

Artistes, écrivains, galeries d'arts, lieux d'évènements, artisans, commerçants, associations et bien d'autres...
Unis, quand leurs passions deviennent un art.
De tous horizons et cultures, souvent méconnus...
Et Pourtant, ils illuminent le monde...

Certifiés pour leurs qualités, originalités, valeurs humaines et idées novatrices, par des experts et professionnels reconnus.

Sous la direction d'Adélia Martins

- Artiste peintre des plus cotés de son âge par les experts internationaux
- Agent d'artistes
- Commissaire d'expositions
- Ecrivain
- Illustratrice
- Directeur commercial
- Gestionnaire d'entreprise
- Présidente de l'Association Arts Métiers Solidarité

1 234567 890128

19€

Prestige & Qualité
éditions

www.prestigequalite.am

Prestige & Qualité A. Martins 2018 Arts et Metiers International

Arts et Metiers — Prestige & Qualité — A. Martins

International

GUIDE DU MEILLEUR CHOIX
ARTS & METIERS

2018

Prestige & Qualité A. Martins

Le Guide du Meilleurs Choix - Arts & Métiers International

Un concept créé pour combler un manque cruel de garanties qualitatives de nos choix de consommation.

A une époque où tout nous échappe, où les structures professionnelles varient à vive allure et que la confiance doit être de rigueur, notre site et catalogue remis à jour annuellement rassemblent nos incontournables certifiés.

En un clic, sur le site ou en visualisant le catalogue, votre choix est le bon!!!
Notre sélection est la seule qui rassemble le prestige et la qualité des arts et métiers dans chaque commune, département, pays… Artistes, écrivains, galeries d'arts, lieux d'évènements, artisans, commerçants, campings, associations et bien d'autres…
Unis, quand leur passion devient un art.

Nommés par notre délégation Prestige & Qualité, les délégués (une équipe constituée d'experts et de professionnels reconnus), sélectionnent les meilleures références dans chaque secteur d'activité et les invites à demander leurs certifications auprès de notre délégation. Après une recherche approfondie de leurs compétences, sérieux, originalité, valeurs humaines et idées novatrices, s'ils rassemblent nos conditions d'obtention sans retenues, il leur est attribué gracieusement une CERTIFICATION DE QUALITE…

Cette certification affichée dans leurs établissements ou visibles sur leurs sites, fait gage de notre validation et vous permet de les localiser pour, enfin, consommer et investir en toute quiétude.

Ils deviennent adhérents privilégiés à notre Guide du Meilleur Choix « Prestige & Qualité ». Visible sur notre site durant 12 mois, puis l'année suivante diffusés sur notre catalogue « Guide du Meilleur choix », disponible à la vente dans toutes les librairies et ainsi que sur notre site. Ils peuvent aussi y développer leurs communications et demander son renouvellement chaque année.

Le dynamisme de la ciffusion du Guide du Meilleur Choix, se fait : Par, Pour et avec les adhérents Certifiés eux mêmes.

Nos certifiés sont de tous horizons et cultures internationales, souvent méconnus…
Et pourtant… Ils illuminent le monde!!!

Pourquoi obtenir une Certification Prestige & Qualité ?

Un service gratuit au profit de tous...
Le Guide du Meilleur Choix

Service offert
Chaque Vitrine sera diffusée durant 12 mois sur le site et sur notre Catalogue éditer l'année suivante et disponible à la vente (Achat possible en Librairie et sur ce site) (nom, coordonnées, tel, email...)
Des options payantes disponibles peuvent animer votre vitrine, autant sur le site que sur le catalogue " le Guide du Meilleur Choix "

PREMIUM, long texte variable à souhait...
ajouté à votre vitrine et sur le catalogue.

GOLD, long texte et 3 images variables à souhait...
ajouté à votre vitrine et sur le catalogue.
et d'autres possibilités, modulables à souhait. ce qui fait aisément de se site, son site privilégié pour diffuser (événements, etc..)
En un clic sur le site et votre choix est le bon !
C'est comme le bouche à oreille, seul les meilleurs y sont représentés et permettent aux visiteurs d'investir et d'acheter en toute quiétude.

Adelia Martins : l'itinéraire d'une artiste hors-normes

Cette peintre juanaise au grand cœur travaille notamment avec des écrivains et des associations

Explosions de couleurs entre le figuratif et l'abstrait, les peintures de la Juanaise Adelia Martins ont de plus en plus de succès. Une belle réussite pour « l'art pictural émotif » d'une passionnée devenue peintre il y a seulement cinq ans, alors que rien ne l'y destinait.

A l'âge de 6 ans, Adelia voit mourir sa mère sous ses yeux dans l'accident de la voiture familiale alors qu'elle était assise sur ses genoux. Elevée avec ses trois frères et sœurs par son père ouvrier immigré, elle suit une formation de soignante grâce à la directrice de l'hôpital où elle travaille.

Soignante, comptable, créatrice d'entreprise…

Mais le souvenir de la mort de sa mère l'oblige à changer de métier. Grâce à son nouveau patron, elle se forme en comptabilité, puis crée une société de vitrerie avec son mari. Après son divorce, elle lance avec succès sa propre entreprise novatrice dans le bâtiment.

En 2001 l'incendie de sa maison bouleverse sa vie et elle se retrouve, un peu par hasard, à Cagnes. Partageant la vie d'un peintre niçois connu; elle s'essaie à la peinture. *« Mon travail a été remarqué par Jean-Paul Belmondo dès le premier salon auquel j'ai participé, au marché d'art contemporain de Valbonne en 2009 »*, explique-t-elle.

Vite cotée chez Drouot, ses toiles ne cessent de prendre de la valeur.

Séduit par son travail, l'ancien ministre algérien Nadir Benmatti, membre du Rotary à Cagnes, lui demande de réaliser la couverture de son livre *Méditerrapaix* et la présente à l'éditeur cagnois Patrick Lecointe. Ce dernier noue avec Adelia une collaboration régulière pour les couvertures des livres qu'il publie, et lance avec elle ce week-end un premier salon du livre à Cagnes, où elle exposera des toiles.

Les rencontres de la peintre avec les auteurs sont fortes en émotions qu'elle fait jaillir dans ses tableaux. *« C'est aussi une occasion d'attirer vers des livres des gens qui lisent peu »*, se réjouit-elle. La peintre, qui vit maintenant à Juan, œuvre également pour des associations. En 2010, elle en crée une en voyant à la télévision un homme mourir dans le séisme d'Haïti. Elle verse des dons lors des ventes de ses tableaux pour aider les victimes de catastrophes. Elle s'est associée au combat de l'Association française contre la polyarthrite en créant un des mini-girafous destinés à mobiliser le grand public contre cette maladie très invalidante. Peut-être le verrez-vous un de ces jours dans le cabinet d'un rhumatologue azuréen, dans une pharmacie de Saint-Laurent-du-Var ou dans un hôpital monégasque.

(Photo L.Q.)

LAURENT QUILICI
lquilici.nm@gmail.com

Adelia Martins expose demain et dimanche au premier Salon du livre de Cagnes (place De-Gaulle). On peut aussi voir plusieurs de ses toiles au centre d'affaires de l'aéroport de Nice jusqu'au 9 juillet ; au Casino de Juan; à l'Idem à Juan et au Marina à Antibes ; au club-house du Domaine du Loup et à la cabane de l'Ecailler à Cagnes. Elle exposera du 11 au 27 août à la mairie annexe du Cros en compagnie d'écrivains.

NICE-MATIN

www.richblasongazette.com

Le Blog & La Chaîne YouTube

Edition : © Editions-Pixygraph' 2016 - 1, Place sainte Luce - 06800 Cagnes sur Mer.
Impression : Novembre 2017 - Pixygraph' 2017 - 1, Place sainte Luce - 06800 Cagnes sur Mer.
Dépôt légal : Novembre 2017 - 2e édition - Imprimé en France